管理会计新论

——管理会计工具创新与应用

姜秀峰 著

华中科技大学出版社
http://press.hust.edu.cn
中国·武汉

内 容 提 要

本书基于管理会计自身的职能、特点、目标和工具应用的定位，对其与财务会计之间的区别和联系进行了讨论，并从企业发展过程的视角对管理会计的应用实践进行阐述。在此基础上，本书结合新时代背景下人工智能和数字化技术的广泛应用，从应用场景、实际问题解决、工作人员能力提升等方面入手，力图从一个新的视角对管理会计工具创新进行研究。首先，在新时代背景下，基于管理会计工具的创新与发展过程对其运用机制进行了重点研究。其次，基于上述分析过程，对管理会计工具创新在七大领域展开论述。

应用性是管理会计永恒的主题，实践层出不穷，问题千头万绪，唯一的解决途径是不断创新管理会计工具，并恰如其分地运用这些工具，以解决纷繁复杂的应用问题。

图书在版编目（CIP）数据

管理会计新论：管理会计工具创新与应用/姜秀峰著 . —武汉：华中科技大学出版社，2023.8
ISBN 978-7-5680-9556-3

Ⅰ.① 管…　Ⅱ.① 姜…　Ⅲ.① 管理会计-研究　Ⅳ.① F234.3

中国国家版本馆 CIP 数据核字（2023）第 148491 号

管理会计新论——管理会计工具创新与应用　　　　　　　　　　　姜秀峰　著
Guanli Kuaiji Xinlun——Guanli Kuaiji Gongju Chuangxin yu Yingyong

---

策划编辑：张馨芳
责任编辑：苏克超
封面设计：孙雅丽
责任校对：张汇娟
责任监印：周治超
出版发行：华中科技大学出版社（中国·武汉）　　　电话：（027）81321913
　　　　　武汉市东湖新技术开发区华工科技园　　　邮编：430223
录　　排：华中科技大学出版社美编室
印　　刷：武汉科源印刷设计有限公司
开　　本：787mm×1092mm　1/16
印　　张：10.25　　插页：2
字　　数：210 千字
版　　次：2023 年 8 月第 1 版第 1 次印刷
定　　价：68.00 元

本书若有印装质量问题，请向出版社营销中心调换
全国免费服务热线：400-6679-118　竭诚为您服务
版权所有　侵权必究

序

随着市场经济的不断深入发展，企业之间的竞争将不断加剧，无论是在主观上，还是在客观上，都要求企业在生产、运营和管理方面全方位发力，以增强竞争实力和优势。具体到企业管理上来讲，就是要整合物流、价值流、业务流和信息流资源，提升企业管理水平，强调战略性价值创造，实现对股东价值的贡献。

在这样的背景下，财政部自 2014 年以来，先后发布了《关于全面推进管理会计体系建设的指导意见》《管理会计基本指引》《管理会计应用指引》等一系列文件，中国管理会计迎来了春天，管理会计的发展热潮正在逐步形成。而且随着云计算、大数据和人工智能等新技术所带来的商业活动新业态、管理新模式以及价值创造新需求，管理会计成为未来会计的发展趋势，学习和研究管理会计成为企业财务转型的需要，更成为企业提质增效、实现高质量发展的需要。

新的历史时期，之所以能够成为管理会计发展的最佳机遇期，是由管理会计学科的性质和特征决定的。管理会计从"管理"和"会计"两个维度出发，有效地将管理问题通过会计数据及其分析进行展示。同时又将会计问题以管理的多元化视角进行呈现，充分体现了企业各个职能部门之间需要进行充分合作和协调，以全面的思维解决企业问题的重要性。这对于在校学习会计的学生和企业从事会计工作的人员提出了更高的要求，不仅要精通会计核算，还需要熟练掌握管理会计，并对经营和管理提出高质量的建议和意见，不断提升企业的财务管理能力和竞争力，成为企业不可或缺的专业型人才。

管理会计的教材、专著市场上有许多，而《管理会计新论——管理会计工具创新与应用》另辟蹊径，以管理会计应用为目标，以管理会计工具为出发点，围绕管理会计体系建设的逻辑框架，理论联系实际，深入浅出，具有较强的启发性。

第一，管理会计工具创新与场景相结合。任何管理都存在于一定的环境中，无论它是模拟的，还是现实的，管理会计也不例外。在阐述管理会计工具创新与应用时，总是以一定的场景为先导，犹如掀起现实管理世界的神秘盖头，使人们更能直观地理解和把握管理会计。

第二，管理会计工具创新与问题相结合。基于一定的场景，强调以问题为导向，是本书的又一特点。战略管理、预算管理、成本管理、绩效管理、营运管理、投融资管理和风险管理等虽然是管理中的老问题，但管理会计工具创新实践却给予新的思考和解释。

第三，管理会计工具创新与能力相结合。在一定的商业环境下，面对复杂的管理问题，如何寻找到正确的规律、方法和工具，并有效地应用到企业中去，是广大会计人员都应认真思考的问题，也是本书努力的方向。

第四，管理会计工具创新与应用相结合。应用性是管理会计永恒的主题，实践层出不穷，问题千头万绪，唯一的解决途径是不断创新管理会计工具，并恰如其分地运用这些工具，以解决纷繁复杂的应用问题。

总之，书中有许多理论见解和经验之谈，相信对我们学习好、实践好管理会计有很大帮助。

山西财经大学教授

山西省会计学会副会长

山西省财政厅管理会计专家工作室专家牵头人

2023 年 7 月 30 日

前　言

　　管理会计自诞生之日起,就在企业及各类组织机构的管理中发挥着重要作用,是一门将会计和财务管理理论与现代化企业管理理论融为一体的综合性新兴学科,能够在各类组织机构的具体实际经营管理中为决策预测和计划控制等方面提供有效的信息,发挥着重要的职能。信息化技术、人工智能和移动互联网在各个领域的普遍应用,不仅从生产经营模式上改变了很多传统行业,也改变了人们对于传统学科的认知和理解。管理会计也不例外,在世界经济社会持续稳定发展的进程中,物流交通的快捷和信息传递的便利使其作用更加凸显,改变了成本和利润之间的关系,对以包括信息在内的新兴资源的有效使用为核心任务的管理会计工作也相应地提出了更高的要求:一方面,会计理论工作者和研究者应该努力将国际先进的管理思想和核心理论引进来并与我国市场经济的实际发展相结合转化运用;另一方面,广大的会计实务工作者和企业经营管理者也应当努力提升自身的综合业务素质能力以适应企业现代管理的实际需求。

　　基于简明实用的根本目的,本书在参考其他著作的基础上,根据管理会计在实际工作中的应用,进行了内容的调整,能够更加适应会计实务工作者的实际需求,使得从事会计工作和经营管理的人员能够系统快捷地掌握和应用管理会计的知识和技能。

CONTENTS

目　录

第一章　管理会计概述 ……………………………………………… 1
　第一节　管理会计：超越数字的管理 ………………………… 1
　第二节　组织结构与管理会计师 ……………………………… 6
　第三节　管理会计的职能与特点 ……………………………… 8
　第四节　管理会计的目标和工具 ……………………………… 11
　第五节　管理会计与财务会计的区别和联系 ………………… 16
　第六节　企业发展过程中的管理会计实践 …………………… 19

第二章　管理会计的工具演进及变迁管理 …………………… 26
　第一节　管理会计工具的概念与演进 ………………………… 26
　第二节　管理会计工具体系的构建 …………………………… 32
　第三节　管理会计工具的变迁管理 …………………………… 37

第三章　新时代背景下的管理会计工具创新 ……………… 46
　第一节　新时代特征下的管理会计工具 ……………………… 46
　第二节　新时代管理会计工具的创新与发展 ………………… 50
　第三节　数字经济时代管理会计工具的运作机制 …………… 59
　第四节　智能管理会计工具的应用 …………………………… 63

第四章　管理会计工具创新：预算管理场景化 …………… 66
　第一节　预算管理概述 ………………………………………… 67
　第二节　预算管理的场景化 …………………………………… 74
　第三节　滚动预算 ……………………………………………… 79
　第四节　预测的应用场景 ……………………………………… 82

第五章　管理会计工具创新：成本管理精益化 …………… 87
　第一节　成本术语及其解释 …………………………………… 87

第二节　成本管理的智能化 ·· 93

第三节　成本管理的突破 ·· 95

第四节　成本管理的创新模式 ··· 100

第六章　管理会计工具创新：绩效管理的更好追求 ··················· 103

第一节　两大目标下评价系统设计的关键 ····························· 103

第二节　业绩评价指标与流程 ··· 105

第三节　平衡计分卡 ··· 108

第四节　业绩评价与薪酬 ·· 119

第五节　激励与报酬 ··· 121

第六节　智能化让绩效标尺更精准 ····································· 124

第七章　管理会计工具创新：战略管理精准化 ······················· 127

第一节　战略管理概述 ·· 127

第二节　管理会计如何支撑战略管理 ··································· 129

第三节　智能技术助推精准战略管理 ··································· 131

第四节　智能战略管理的场景化应用 ··································· 133

第八章　管理会计工具创新：数字赋能的营运管理 ··················· 135

第一节　营运管理概述 ·· 135

第二节　管理会计是营运管理的强力保障 ····························· 137

第三节　智能化的营运管理 ··· 138

第九章　管理会计工具创新：更智慧的投融资管理 ··················· 142

第一节　投融资管理概述 ·· 142

第二节　管理会计与投融资管理密不可分 ····························· 144

第三节　智能技术助力投融资管理 ····································· 147

第四节　智能化投资管理的场景化应用 ································· 148

第十章　管理会计工具创新：风险管理数控化 ······················· 150

第一节　风险管理概述 ·· 150

第二节　风险防控数字化 ·· 152

第三节　数字化风险防控的场景化应用 ································· 153

参考文献 ··· 158

第一章

管理会计概述

不管是大中型企业还是小型企业，是从事金融旅游等非生产性业务的服务型企业，还是从事生产制造业务的生产经营性企业，管理者最为关心的问题就是成本的控制和利润的增长。因此，对于一名优秀的企业管理者而言，其必须要懂得收入与成本的性态，能够对本组织在发展成长过程中内外部存在的风险与机遇有精准的定位和客观理性的认知与理解，并且，能够合理应用财务管理和会计成本的理论知识对本组织的产品或服务开发研究、中长期战略目标与短期目标的均衡规划、生产经营计划、产品或服务的成本控制与合理定价以及客户的需求等进行决策。有时这些决策涉及成本与收益的平衡，有时又涉及项目的时间进程控制和成本利润之间的平衡。因此，如何在各个相关因素之间找到最佳的平衡点，往往需要企业管理者进行充分沟通、综合考虑后才能做出最终决策。

第一节　管理会计：超越数字的管理

追溯管理会计的由来，其最早起源于 19 世纪早期欧洲发达资本主义国家在企业管理中对内部计量的运用，并且，科学管理运动为成本会计实务及技术方法的革新改进提供了良好的契机，最终形成了以费用预算、成本控制、效率最优且具有科学管理特性的会计管理技术方法。此外，学术界开始对生产成本和产量之间的关系进行更为深入的研究，使得成本会计信息独立于财务会计系统的重要性受到强调，在企业管理决策中深深地打上了烙印。因此，可以认为，管理会计最核心的思想就是控制成本，提升企业经济效益。

"管理会计"这一术语的正式提出，是在 1952 年伦敦举行的国际会计师联合会（IFAC）上。当时，会计学界的一些权威人士对管理会计做出了这样的描述：管理会计是以成本分析控制为依据，以决策会计为主体，为全面提升企业生产经济效益而服务，为管理当局在经营决策中提供所需会计信息的一种新理论。这一专业术语的提出，同时也标志着会计正式划分为财务会计和管理会计两大领域，两者之间的本质区别是：财务会计更加侧重于为外部的报表使用者提供有效的信息，而管理会计更加侧重于为管理决策者提供经营决策所需的有效信息。因此，有必要从组织内部的管理决策视角对管理会计的本质核心内容进行深入的阐述和详细的说明。

一、职业道德视角

对于任何职业而言，职业道德都是约束从业人员的必要规范。同时，从宏观层面来看，职业道德行为的规范制度是随着社会文明程度不断提升而完善起来的。并且，可以认为，职业道德行为规范是经济持续发展的润滑剂。一旦脱离了这种约束，就会在各种社会交往中放任道德滑坡的行为出现，人与人之间失去基本的信任，消费者得到的产品或服务的质量得不到保障，价格就会更高，进而引起经济发展变慢甚至停滞不前。因此，为了保证企业的正常生产经营，为了保障消费者获得价格合理和质量合格的产品或服务，为了推动社会经济的持续稳定发展，在社会正常交往活动中的各个群体之间进行利益平衡，就必须有必要的职业道德行为约束，构建并维持基于信任机制下的社会整体的职业道德行为框架。

对于管理会计人员而言，美国较早成立了管理会计师协会，进行了职业道德守则的构建和完善，颁布了《职业道德守则公告》，并得到了广泛的应用。该公告分为两大部分。第一部分就从业人员的价值定位进行了总体的概括和说明，对道德行为的一般准则进行了说明，管理会计从业人员应当在四个方面承担道德责任：第一，专业胜任能力；第二，对于敏感性会计信息应当保密；第三，应当具有良好的个人诚信；第四，在既定的约束框架之内按照制度规范以可信方式进行信息的及时、精准披露。

（一）胜任能力

第一，不断提高知识和技能，以保持恰当的专业水平；

第二，按照相关法律法规和技术标准履行专业职责；

第三，提供准确、清晰、简洁、及时的决策支持信息及建议；

第四，对阻碍专业判断及优良业绩的专业或其他局限性进行识别和交流。

（二）保密性

第一，保持信息的机密性，除非获得授权披露或符合法律要求；

第二，通知有关各方恰当使用机密信息，监控下属活动并确保其遵守；

第三，避免将机密信息用于获取不道德或非法的利益。

（三）正直性

第一，降低实际利益冲突。经常与商业伙伴沟通，避免出现明显的利益冲突，该方式适用于所有具有潜在利益冲突的各方；

第二，不可进行妨碍履行道德职责的行为；

第三，不得从事或者支持损害职业声誉的任何活动。

（四）可信性

第一，公正客观地交流信息；

第二，披露所有可能合理影响信息使用者对报告、分析及建议的理解的相关信息；

第三，按照组织政策和/或适用法律，披露信息、及时性、生产过程、内部控制的延迟或缺陷。

二、战略管理视角

对于任何组织而言，进行战略管理规划，将长期目标、中期目标和短期目标相结合，进行三者之间的平衡，以维持自身的稳定可持续发展，是生产经营过程中超越竞争对手的关键所在。并且，一个企业生产经营的成功从来不是靠机会和运气，靠的是其根据行业市场特点和自身实际制定合理的战略目标，能够对现金流和成本控制进行准确的预期判断，做到未雨绸缪，从而维持生产经营的稳定发展并进行市场扩张。各种成本的平衡与控制、项目实施过程中的进度管理以及各种决策的制定，均会受到企业整体战略规划的影响。

三、风险管理视角

每一项策略、计划以及战略决策都有风险，风险总是伴随着企业生产经营项目从计划到完成的整个实施过程。企业风险管理控制对应着风险识别、风险评估和风险管控，对可能发生的风险进行识别和评估，制定相应的应急预案，对可能发生的风险进行控制，做到防患于未然，确保达到预期的生产经营目标。

企业风险的范围涵盖从自然环境条件到国家各个层面的政策调整，从企业外部的市场竞争到企业内部的管理以及其他相关的影响因素。如果不对风险因素进行事先的关注与管理，则极有可能因一点微小的问题引发一场重大的生产经营事故。笔者结合自身多年的从业经验，结合建筑行业的特点，从企业整体战略规划和管理会计职能两个层面对典型性风险因素进行分类列举。建筑类企业生产经营潜在风险因素汇总表见表 1-1。

表 1-1　建筑类企业生产经营潜在风险因素汇总表

潜在风险因素	应对措施或方法
办公系统崩溃导致资料丢失或被入侵导致资料泄漏	加强权限管理并建立防火墙防止泄漏或丢失
出现损害客户的产品或服务	加强流程质量管理和完善岗位责任制度
因未预期的竞争对手而失去项目	制定一种合法的潜在竞争者搜索和应对措施
恶劣天气或其他不可抗力造成项目工期延误	针对各种可能的影响因素加强应急管理
生产设备发生故障	加强各类生产设备的维护维修管理，责任到人
材料供应商供货或供应原材料出现问题	在合格供方名单上增加备选厂家
奖惩机制不合理造成员工怠工等消极因素	完善业绩指标体系并严格实施
预算估计不准确导致资金不足等	实行严格的预算审查程序
环境管理不善引发负面的社会效益	构建完善的施工环境评估体系并严格实施
未遵守劳动法等	完善员工加班制度

为了对管理会计的职能进行深入探讨，有必要对其预防性内部控制职能在企业风险防控方面的作用进行分析。一方面，利用预防性控制阻止不良事件发生；另一方面，利用探测性控制监测已经发生的不良事件。既可以确保项目在既定预算范围内按时保质完成，也可以运用控制以保护财产并最大限度地减少财务报告失真。财务报告内部控制类型及控制措施总结表见表 1-2。

表 1-2　财务报告内部控制类型及控制措施总结表

控制类型	类别	控制措施
授权	预防性控制	需要相应管理层的权限进行审批
调节表	探测性控制	利用数据之间的关联性对问题进行识别并解决数据之间的差异
职责分离	预防性控制	将授权、记录、保管资产的职责进行分离以明确岗位职能
资产保护	预防性控制	利用监控、权限管理和物理防护等保护资产

续表

控制类型	类别	控制措施
绩效考核	探测性控制	根据实际业绩对比考核机制进行修正
资料存档	探测性控制	完善管理制度,保存各类资料
办公系统安全	两者兼顾	通过密码设置、权限管理以及访问授权等确保办公系统安全

四、社会责任视角

在生产经营过程中,制定战略目标以企业的经济效益为导向,形成符合股东需求的财务成果。但是,企业作为一种社会性组织的存在,同时应当具有保障其他利益相关者需求的社会责任。比如,应当为企业内部的职工按时发放薪金以保障他们的日常工作需求,向供应商及时进行采购资金结算以维持双方良好的物流供应关系,应当投入必要的资金在生产经营过程中按照环保部门的要求进行污染物的控制和废弃物的处理等。

五、业务流程视角

企业由各个不同的职能部门组成,各职能部门在高层管理者的决策下形成的规范框架内各司其职,行使自身的业务职能,进而为实现企业整体战略规划目标奠定必要的基础。各职能部门之间是相互协作关系,为了完成目标,在管理层级之间形成职能清晰、分工明确的上下级的"指挥链",在整体战略目标导向下细化为具体的业务流程步骤,形成各个职能部门企业内部相互作用的业务流程。

企业通过投入研发进行产品的开发设计,然后进行生产,最后通过产品销售回收资金并产生利润,构成了一个完整的价值链,与各个职能部门的业务流程相互融合。从控制和决策的视角来看,每一个业务流程的关键在于合理性和有效性的控制,与成本的控制进行平衡。如果采购部门一味关注采购成本的最小化,就有可能采购质量不能满足生产的原材料而导致生产部门的废品率增大和产品质量不能满足要求。如果生产部门一味关注成本的压缩,可能会对必要的安全防护措施进行简化而忽视日常安全生产,一旦发生安全事故就会造成很大的损失。

第二节 组织结构与管理会计师

20世纪初，由于经济发展的需要和企业管理职能的进一步强化，管理会计得到了迅速发展，在理论与实践上取得了丰硕的成果。管理会计采用灵活多样的方法或手段，为企业管理部门正确进行最优管理决策和有效经营控制提供了有用的会计信息。同时，管理会计还吸收了社会科学、行为科学、统计学、计量经济学、运筹学以及管理学和数学的一些理论，使众多学科内容渗透其中，从而成为现代企业治理结构下加强内部管理、提升经济效能的重要工具。

一、直线管理和参谋管理

从组织内部的职能分工来看，可以区分为直线管理和参谋管理。直线管理直接对企业的目标负责，比如生产部门管理者对产品的质量、生产周期、预算营业利润、安全防护以及环境污染控制等负责。同样，采购部门应当对原材料的物流供应、原材料质量把关、成本控制和资金结算周期等负责。参谋管理则是向直线管理提供必要的建议、支持和协助。比如，管理会计师为生产部门进行设备改造升级的方案进行详细的成本预算分析讲解，人力资源经理从劳动力培训教育等方面进行详细的论证解释，信息技术工程师从信息流动共享方面进行生产效率提升的沟通说明。

二、财务主管和首席会计官

财务主管在很多国家和地区也被称为首席财务官，是负责监督组织财务运营的高级管理者，在我国的国有企事业单位也称总会计师。财务主管的职责因各个行业或领域的差异而有所不同，但一般可概括为以下几个方面。

（一）主计

负责监督整个组织的会计系统规范运行，发现偏差进行及时纠正，并为提交给高层管理者和股东的报告提供财务信息。

（二）司库

对组织整体的长短期融资、投资和现金流进行监督。

（三）风险管理

对应收账款、贷款以及其他可能引起财务风险的因素进行管理，并且对各类财务风险衍生工具进行管理。

（四）税务

筹划所得税、销售税以及其他与组织生产经营管理相关的各类税务。

（五）利益相关者关系

与原材料供应商、投资者以及其他组织外部的利益相关者进行沟通，与他们进行互动，对必要的信息进行及时的共享。

（六）战略规划

制定战略并进行分解以保证战略的稳定可持续实施。

三、管理会计的三个重要指导原则

在组织结构中合理定位自身的岗位职能，按照制度规范履行工作职责，是管理会计师在战略规划和生产经营决策中日常工作的必要约束。其中，有三个重要的工作原则有助于管理会计师为企业提供最大的价值。

（一）成本-收益原则

面对各类资源，管理会计师如何进行分配利用，才能在日常的生产经营中实现企业的成本最小化和收益最大化，比如，是新雇用一批员工还是更新生产设备保证项目进度的顺利完成，是外包部分项目还是与其他进行组织战略合作以完成目标，在进行决策时应当使用成本-收益原则，在成本和收益之间进行最好的平衡。

（二）行为性与技术性考虑

在利用成本-收益原则时，管理会计师需要综合考虑技术性和行为性等因素的影响和作用。管理不仅仅是人的活动，对组织内部成员以制度规范其行为，同时也是对包括技术等在内的各类资源的统筹规划以达到最优配置的目的。比如，预算有行为效应，管理者可以通过各种激励办法来提升组织内部成员的士气并提升整体效率。

如果员工的表现不佳，行为性考虑建议管理者应当多视角地对问题进行深层次的分析，可能会涉及技术改进、设备陈旧、部门需要加强协调沟通等方方面面的问题，而不是过多强调内部成员的激励机制不够或者奖惩力度不够。

（三）不同目标下的不同成本

管理会计侧重于强调不同决策情景下的成本控制，如果组织追求的目标不同，那么采取的成本计算方法就应当有所区分。不同目标需要采用不同的成本，自然就会采取不同的计算方法。比如，用于对外财务报告中的成本概念可能不适合内部的日常报告。

第三节 管理会计的职能与特点

一、管理会计的职能

职能是事物内在的、固有的和客观存在的功能或属性，作为现代企业管理重要内容的管理会计，其职能客观存在于企业管理之中，必然会受到企业管理职能的制约和影响。现代企业管理具有预测、决策、规划、控制和考核评价等五项职能，所以可以将管理会计的主要职能概括为以下五个方面。

（一）预测经营前景职能

决策是充分考虑各种可能的前提下，按照客观规律的要求，通过一定程序对未来实践的方向、目标、原则和方法做出决定的过程。管理会计按照企业未来的战略规划、经营方针与经营总目标，充分考虑经济条件的约束与经济规律的作用，选择科学的、合理的量化模型，有计划、有目的地预计和推测企业未来的销售、成本、利润以及资金的变动趋势与发展水平，为企业经营决策提供有用的第一手信息。

（二）参与经营决策职能

决策是根据经营预测所获得的信息，在充分考虑若干可能的前提下，按照客观经济规律并通过特定程序对未来实践应用的方向、目标、原则与方法等做出科学判断，并在若干方案中选出最优方案。决策是企业经营管理的核心，也是企业各级管理者的工作重心。管理会计提供的就是企业决策方案以及对这些方案的分析，企业管理当局根据管理会计所提供的决策方案及分析资料，选出最合理、最优的方案。

因此，在企业整个决策过程中，决策由企业最高管理者做出。管理会计在整个企业经营决策过程中，发挥的是决策分析或咨询服务的职能。例如，管理会计的短期经营决策分析以及长期投资决策分析等都是管理会计提供决策分析职能的具体体现。

（三）规划经营目标职能

计划是在企业历史数据分析和企业未来经营活动预测的基础上，对企业未来经营活动所做出的安排与策划。规划则是在预测数据等资料的基础上进行的更高层次的分析和判断，具有筹划的功能。管理会计的规划职能是通过编制各种计划和预算来实现的，它要求在最终决策方案的基础上，将事先确定的有关经营目标分解到各有关预算中去，从而合理有效地运用或分配企业资源，并为控制与绩效考核创造条件。例如，管理会计的本-量-利分析及全面预算管理等工具与内容，应该是管理会计的规划职能的体现。

（四）控制经营过程职能

控制是指通过指导、调整和干预经营活动，以促使企业经营活动按原定计划进行，以达到企业预期的经营目标。通常当计划在一开始付诸实施的时候，控制也就伴随开始了。所以企业经营计划的执行过程，也是企业经营管理控制的过程。管理会计这一职能的发挥要求将企业事前规划与企业事中控制有机结合起来，即事前确定各项经营指标，根据执行过程中实际与计划发生的偏差进行原因分析，以便及时采取措施进行调整并改进管理，确保经营活动按计划运行。例如，管理会计全面预算管理、目标成本管理、责任会计等，都可以认为是管理会计的控制职能的体现。

（五）考核评价经营业绩职能

考核评价即企业绩效考核，就是将实际经营业绩与企业预算进行分析与比较，对企业各职能部门或人员的工作做出客观公正的绩效考评。考核之目的不在于奖惩，而在于激励士气。管理会计的考核评价企业经营业绩的职能，是通过建立相关责任会计制度来实现的。在各部门各单位及人员均明确各自责任的前提下，逐级考核责任指标的执行情况，找出成绩和不足之处，从而为奖惩制度实施和未来工作绩效的改进措施提供必要的客观数据依据。例如，管理会计的全面预算管理、标准成本、责任会计等工具都可以认为是管理会计业绩考评职能的体现。

二、管理会计的特点

（一）管理会计中"人"的因素作用明显

管理会计工作更加侧重于为企业内部经营管理活动服务，这一职能的发挥对企业组织的结构或体制以及企业所面临的市场环境等因素具有较强的依附性。与具有社会化特征的财务会计有所不同，管理会计具有企业化（个性化或个体差异化）和行为化特征，在实践中的应用充满了个性化的色彩，可以说是理性与非理性之间的一种辩证统一。管理会计理论与方法体现的是理性层面，而在具体的实践应用中，比如将相关的会计信息适时提供给相关的人，体现的则是非理性层面的内容。现代企业管理面临的内外经营环境日益复杂，管理会计理论本身不能像财务会计那样规范地告诉管理人员如何具体应用，要靠管理人员根据具体情况进行判断理解。面对经营环境的职业判断问题，更多涉及人的价值定位和行为动机。因此，从这个角度出发，管理会计由两大块组成：规划与决策会计和控制与绩效评价会计。规划与决策会计从预测开始，进而做出经营决策和投资决策，制定企业目标利润，编制全面预算，一般都涉及人的因素，与经营管理者的期望目标和价值判断具有密切的联系。控制与业绩评价会计是指为了实现企业的目标利润，对企业的经营活动进行事前、事中控制，包括成本控制、存货控制等等，再根据预算、控制资料，运用责任会计的方法进行事后的业绩评价，根据"责、权、利"相结合的原则和"激励理论"充分调动各方的积极性，提高经济效益，追求企业价值的最大化。

（二）管理会计的应用环境具有鲜明的行业特性

有关学者的研究和实践经验表明，要充分发挥会计信息在公司（企业）管理和公司（企业）治理中应有的作用和职能，单靠财务会计系统是远远不够的，管理会计在完善公司治理结构和维持治理结构的高效运转中发挥着越来越重要的作用，在企业内部经营管理中扮演着越来越重要的角色。一般来讲，财务计量注重"综合"，非财务计量注重"分析"，两者相互结合，才能相得益彰。同时，社会价值导向演进、企业文化不同以及经营管理者的价值定位，都会带来管理会计的应用不同。特别是行业之间的差异性，更是带来了管理会计在实践应用中的较大差异。比如，制造业前期固定投入较大，更加注重长远的战略规划和远期的收益预期，而零售业更加注重短期的收益和产品组合的灵活调整。一个企业的行业性质和体制结构与管理会计的适用性密不可分，建立现代企业会计制度的企业必然要求管理会计能够更加灵活地在实践中得到相应的运用，以便提升企业整体的经济效益。

（三）管理会计侧重于为企业内部经营管理服务

　　管理会计工作的侧重点在于针对企业内部经营管理中遇到的特定问题进行分析研究，以便向企业内部各级管理人员提供有关价值管理方面的信息资料，最终实现企业价值最大化。结合我国目前的经济发展和社会主流价值导向，管理会计侧重于企业内部经营管理包含丰富的内涵：第一，强调了风险与报酬的平衡关系，通过管理会计的职能将风险控制在企业能够承担的范围之内；第二，既要有量的扩张，也要有质的改进和创新，从而使得企业具有稳定可持续发展的能力；第三，打造高效的管理会计体系，通过及时准确地提供有效信息为企业创造财富；第四，不仅注重企业利润，也要关注社会责任，不能以牺牲环境和社会效益来达到企业利润增长的目标。

第四节　管理会计的目标和工具

一、管理会计的目标

　　在美国会计学会（AAA）在《基本会计理论》中指出，管理会计的目标是为企业的管理者服务，旨在帮助企业管理者制定科学、合理的经济目标，为了实现预定的经济目标而进行合理的决策。

　　美国会计学会下属的管理会计委员会提出，管理会计目标分为两个层次，即基本目标和辅助目标。基本目标主要服务于企业管理当局，向企业管理人员提供企业内部的经营管理信息，并协助企业管理层制定科学合理的决策。而辅助目标则有四个：第一，协助管理人员履行计划与管理职能；第二，协助管理人员履行管理控制职能；第三，协助管理人员履行企业组织职能；第四，协助业务部门履行企业经营管理职能。

　　美国全国会计师协会（NAA）下属的管理会计实务委员会在《管理会计公告——管理会计的目标》中指出，管理会计在企业管理中应当实现以下两个目标：第一，为管理和决策提供经过选择与加工的有用信息，包括计划、控制和评价企业经营管理活动有关的，维护资产安全有关的，与企业外部的利益相关者进行决策有关的各类信息；第二，参与企业日常经营管理活动。

　　我国学者孙茂竹认为：

　　（1）管理会计是为了加强企业内部经营管理，提升企业核心竞争能力而发展起来的，所以其最终目标应是，在满足社会外部需求的基础上，提高企业经济效益，以实现企业价值最大增值。

（2）为了实现企业提高经济效益的目标，管理会计还应实现两个子目标，即为管理者提供经营管理与决策的有用信息和参与企业的经营与决策管理。

以上观点对于研究管理会计的目标，做出了重要的贡献，明确了管理会计的目标是为管理者提供管理与决策有用信息，并参与企业的经营管理活动。

综合以上观点与分析，本书认为管理会计的总体目标如下：

（1）向企业管理者提供有用信息，旨在提高企业经济效益与企业核心竞争力；

（2）参与企业经营决策，以发挥企业经营管理职能。

要实现以上总体目标，则要发挥管理会计的以下职能：经营预测，参与决策、规划、控制活动与业绩考评。

二、管理会计的工具

管理会计的方法主要有预测、决策、预算、控制和考核，管理会计的工具是指管理会计的方法的具体运用，本书着重介绍全成本管理、经营预测分析、经营决策分析、本-量-利分析、全面预算管理、作业成本法、业绩考评。

（一）全成本管理

全成本管理研究首先要确定成本的含义。因角度不同，在管理会计学领域人们对成本的认识有两个不同的概念：① 成本是生产成本，是企业生产产品过程中所发生的各种直接耗费与支出，是一种狭义的成本概念；② 成本是可用货币计量的、为达到企业特定目的而发生的或者未发生的价值本钱，是一种广义的成本，既包括直接成本，也包括间接成本，还包括期间成本与或有成本。

成本管理是企业经营管理的重要组成部分，是企业根据某个特定时期预先建立或制定的成本管理目标，由企业成本管理主体在企业授权范围内，在企业发生的各种耗费以前和企业成本耗费与支出控制过程中，对影响成本的各种因素和条件，采取的一系列预防措施和调整措施，以保证实现企业成本管理目的，同时改进企业管理水平与达到企业战略经营目标。本书所研究的成本管理是一种全面成本管理活动，并且通过细分标准成本法与变动成本法进行详细的论述。

（二）经营预测分析

经营预测分析是指管理会计在企业的经营管理过程中，根据过去和现在的已知业务推测未来未知的管理分析活动。围绕企业的经营特征及资金运动，经营预测分析主要包括销售预测、成本预测、利润预测及资金预测。通过经营预测分析，对改善企业管理水平、提高经营决策的科学性、减少主观失误风险、提高经营效益有着非常重要的意义。

经营预测方法主要有两大类：定量分析法和定性分析法。其中定量分析法又可分为趋势预测分析法和因果预测分析法。趋势预测分析法也叫时间序列分析法，是指将时间作为企业制约预测对象产生变化的自变量，把企业未来作为历史发展的自然延续，属于按事物发展规律与趋势进行动态预测的一种方法。因果预测分析法是指根据预测的对象和相关变量之间存在的某种因果函数关系，按非时间自变量（即预测因素）的未来变动趋势预测因变量（即对象）未来水平的一种方法。定性分析法是一种直观性或主观性的预测方法，是由有关方面的专家凭借个人经验阅历和理论知识，进行综合分析，对事物的发展趋势与未来状况做出预测的方法，又称非数量分析法。

（三）经营决策分析

经营决策分析是指在经营管理过程中，为了达到既定的经营目标，根据经营预测所获信息进行决策判断，在几个可以相互替代的方案中选择最优方案的决策管理活动，是对有关未来的经营战略、经营方向、经营目标、经营措施和经营方法等做出决策的过程。经营决策分析一般有以下几个步骤：第一，确定目标、提出问题；第二，分析矛盾、制定方案；第三，收集资料、比较分析；第四，综合评价、优选方案；第五，组织实施、跟踪反馈。

（四）本-量-利分析

本-量-利分析是成本-产量-利润（Cost-Volume-Profit）分析的简称，又称 CVP 分析。本-量-利分析是通过数学分析与图表分析等方式对企业的销售数量、销售价格、变动成本与固定成本等直接或间接因素与利润指标的内在联系进行分析研究，以协助企业管理人员进行产品项目规划与期间计划管理的预测分析方法。为使预测结果可靠，使用此方法时是基于以下四方面的基本假设：第一，假设企业的所有成本都能够按照成本性态，较为精确地划分为固定成本和变动成本；第二，假设市场销售价格和销售结构在一定的相关范围内将保持不变；第三，假设生产效率和生产能力在一定的相关范围内保持不变；第四，假设当期产量与销量基本平衡，存货水平保持基本稳定。

（五）全面预算管理

全面预算管理是现代管理会计使用较广泛、较重要的工具之一，是指在企业战略目标的指引下，企业为了实现一定时期内的经营目标，将企业的总体规划通过货币计量的形式，数据化、格式化地反映出来的管理活动，即将未来某一特定时期企业全部的经营业务过程的详细计划通过货币形式来反映。全面预算管理以预测和决策为基础，使各个职能部门清楚地知道在预算期内应做什么、应做多少，从而确保企业预算期经营目标的实现，以达到企业既定的战略目标。

全面预算管理以销售预算为中心，与生产预算、成本费用预算及资本预算等相互配合、协调平衡。全面预算管理是管理会计的重要工具之一，其主要作用体现在：第一，确定各项经营目标的指标，将企业预算期内的经营活动纳入计划管理；第二，通过全面预算，协调公司内各部门与公司总体目标之间的关系，以及协调各职能部门资源的有效投放；第三，在全面预算执行过程中，控制各项经济活动；第四，分析实际与全面预算的差异，提供考核与评价各部门工作业绩的重要信息，通过客观公正的考评，促使各部门努力按预算要求完成任务，以达到公司总体战略经营目标。

（六）作业成本法

作业成本法是指以作业为间接费用的归集对象，通过对资源动因的计量与确认，归集企业的资源费用并分配到各项作业上，再通过企业成本动因的计量与确认，将作业成本进一步归集到产品或项目上的一种费用分配方法。从本质上说，作业成本法是一种间接费用分配方法，其理论基础是产品消耗作业与作业消耗资源。作业成本法基本关系如图1-1所示。

（七）业绩考评

业绩考评又称企业绩效考核，属于管理会计学领域责任会计的部分，是根据企业责任报告，分析并评价各责任单位预算的实际执行情况，找出实际与预算的差异并分析差异原因，以便考核各个责任单位的工作业绩，并进行奖优罚劣，促使各职能部门积极纠正行为偏差，以达到既定的经营目标的考核管理活动。

绩效考核的基本原则有：第一，可控性原则；第二，风险收益对等原则；第三，总体优化原则；第四，分级考评原则；第五，公开、公平原则。

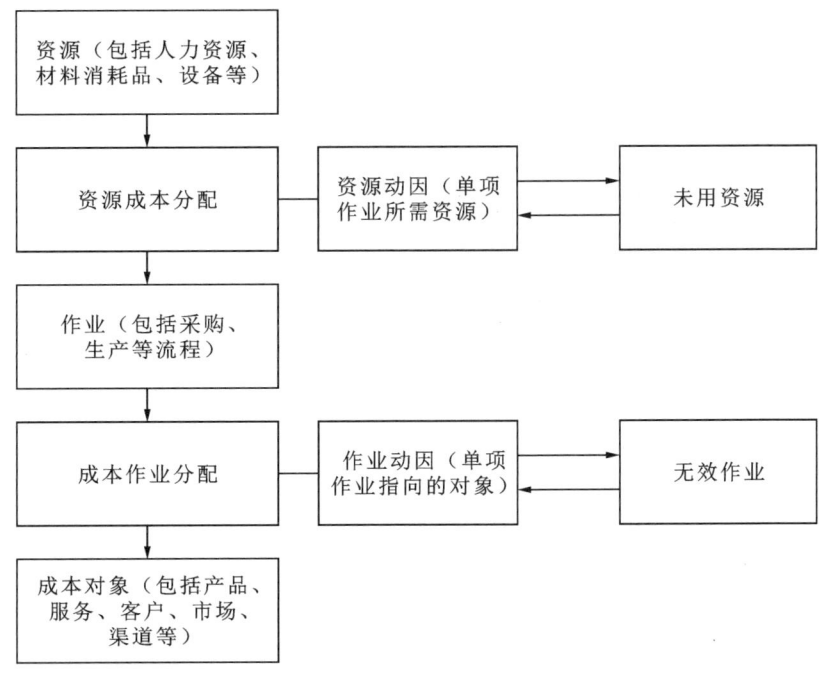

图 1-1　作业成本法基本关系

当前，企业业绩考评方法除了传统的财务指标考核外，现代管理会计还引入了平衡计分卡与经济增加值等方法。其中平衡计分卡由哈佛商学院的卡普兰和诺顿倡导和提出，该方法从以下四个维度设计业绩考评方法：第一，财务维度（包括利润、收入、现金流量、投资回报率、经济增加值等）；第二，客户维度（包括交付率、客户满意度、新产品销售百分比、重要客户购买份额、客户忠诚度等）；第三，内部业务流程维度（该维度着眼于企业的核心竞争力，包括生产周期、缺陷率、存货比率、新产品投入情况、设计效率、回款管理、售后保证等）；第四，学习与成长维度（解决是否能继续提高并创造价值，包括新产品开发周期、员工满意度、员工培训、关键员工流失率等）。

参照上述论述，笔者结合自身的实际从业经历，对管理会计的目的进行了更为具体的概括和总结。笔者认为，从企业整体的战略规划来看，管理会计的长远目标是提升企业的价值。从实际问题解决的视角来看，可从以下三个方面进行说明：准确快速地解决问题和做出决定，让员工能够正确地理解企业的战略规划并按照目标执行自己的职能，提高员工的主观能动性和积极性。三者相辅相成，利用各类工具，将更具体的目标的实现归结为最终的目标实现，也是为了提升企业的价值。

第五节 管理会计与财务会计的区别和联系

一、管理会计与财务会计的区别

从本质上揭示财务会计与管理会计的区别，无论是对会计理论研究，还是对会计实践，都有重要的意义。首先，有利于正确认识会计的目的。简要地说就是"利益"目的和"效益"目的。其次，有利于科学地探索会计发展的规律。基于不同会计制度与会计方法的选择。我们应沿着经济利益、经济效益以及企业经营管理者对会计的要求，去探讨不同经济时期和不同经济条件下的会计对象的变化及其对会计目的、会计制度和会计方法的影响，从而科学地揭示出会计产生、发展的必然规律。管理会计和财务会计的区别主要体现在以下几个方面。

（一）服务对象不同

管理会计的服务对象主要是内向的，是为企业内部各级管理人员提供有效经营和最优化决策。财务会计的服务对象主要侧重于为企业外界有经济利害关系的团体或个人服务，例如股东、财税部门、主管机关、银行及其他债权人等。

（二）会计主体不同

管理会计主要是以企业内部的各责任单位为会计主体，并对其日常经济活动进行规划、决策、控制与业绩评价，因而会计主体是多层次的，用来反映企业内部各责任部门经营活动情况。财务会计主要是以整个企业为会计主体，通过对会计要素的确认、计量和报告，反映整个企业的财务状况和经营成果。

（三）会计方法不同

管理会计根据企业经营管理的实际需要，可以采用不受期间限制的、灵活多样的报告形式及方法为企业的管理者提供不同的备选方案，还可灵活应用其他现代管理科学理论作为指导原则。财务会计为了保持会计信息的连续性和可比性，必须严格遵守公认会计原则（我国财政部等规定的企业会计准则和行业统一会计制度），在一定期间内一般只能采用较为固定的报告形式。

（四）数据精确程度不同

管理会计的工作重点是面向未来，因此不要求数据绝对精确，只要能满足及时性和相关性的要求，一般计算出近似值即可。财务会计的工作重点是反映过去，通常都是已经发生的经济业务，主要以价值尺度反映的定量信息资料，对精确度和真实性要求相对较高，一般要求计算到小数点后两位。

（五）信息特征不同

管理会计一般通过编制内部报告以提供有选择的、部分的和特定的管理信息，内部报告一般不对外公开发表，也不具有法律责任。财务会计必须按照会计准则和政府监管部门的要求，提供连续、系统、综合的会计信息，编制的财务报告需要对外公开发表，并具有法律责任。财务会计的工作重点是对会计要素的确认、计量和报告，因此必须严格遵守企业会计准则以及政府有关会计法规的约束。

（六）时间跨度不同

管理会计编制的内部报告期间取决于管理者对企业内部经营管理的需要，一般管理会计的报告不受固定会计期间（如年度、季度、月度）的限制，而是根据管理需要来编制反映不同期间经济活动的各种报告。财务会计面向过去进行核算和监督，用来反映一定期间的财务状况、经营成果和现金流量情况，必须按月度、季度、半年度和年度编制财务报告。

（七）工作重点不同

管理会计不仅要反映过去，而且侧重于利用历史数据与资料来预测前景、参与企业决策、规划企业未来、控制和评价企业的各项经济活动。财务会计的工作重点是面向过去，单纯地提供历史信息和解释信息原因。

（八）行为影响不同

管理会计较为重视行为科学的领导与激励理论对人的行为影响，以人为本开展各项活动，特别关注业绩报告和薪酬激励机制对企业员工日常行为的影响。财务会计最关心企业发生的各项经济活动对企业财务状况和经营成果的影响，十分重视对会计要素的确认、计量和报告，不十分关心行为科学对员工日常行为的影响。

（九）价值增值和特定经济关系不同

管理会计是以价值增值过程作为存在基础的。价值增值是资金的属性，但价值增值并不是自发进行的，而是一种在人的参与下的有意识、有目的的活动。人们只有对价值增值过程进行科学的运筹、规划与控制，才能实现价值增值并达到预期目标。财务会计是以后者作为其存在的基础，亦即作为其核算与监督的内容。财务会计核算与监督的基本目的在于正确处理经济关系，维护人们的经济利益，保护企业财产安全和保障社会经济生活正常进行。管理会计是以价值增值运动为对象，以追求企业经济效益为目的的。而财务会计则是以资金运动中的经济关系为对象，以维护相关人的经济利益为目的的。但事物之间的差异只是相对的，而不是绝对的。在实际工作中，管理会计与财务会计是不可能截然分开的，它们作为会计工作的两个方面，既各自独立，又相互联系，是一种"分工不分家"的关系。首先，两者的目标相同，都是通过对外和对内提供各种会计信息和管理信息，加强企业的经营管理水平和提高企业的经济效益。其次，两者使用的信息资料基本相同并具有互补性。财务会计通过对企业日常发生的经济业务所对应的会计要素进行确认、计量和报告，其所形成的会计信息资料是管理会计进行规划、决策、控制与业绩评价所使用的主要信息来源。而管理会计所形成的各种信息资料，又可以作为财务会计报告中的补充资料。例如，上市公司公布的年度财务报告中，往往会涉及企业的业绩评价和薪酬激励计划资料、财务预算和盈利预测数据等。

二、管理会计与财务会计的联系

虽然管理会计与财务会计有不同的侧重点，但二者统一服务于现代企业会计管理的总体要求，共同为实现企业内部经营管理的目标和满足外部各个利益关联方的要求服务。会计系统是由财务会计和管理会计耦合而成的，它是企业管理系统的核心子系统，尤其是在知识经济条件下，随着信息技术与网络技术的迅猛发展及其在会计中的广泛应用，财务会计与管理会计将进一步融合，共同组成会计系统，在企业管理系统中发挥核心作用，更好地为企业管理服务。财务会计与管理会计主要有以下几方面联系。

（一）目标相同

会计自产生以来就是为企业管理服务的，只是由于客观条件及技术水平所限，会计的功能被局限于核算上。本质而言，会计是一种管理活动会计，作为企业管理的重要组成部分，是通过收集、加工处理和利用经济信息，对经济活动进行组织、控制、调节和指导，促使人们权衡利弊、讲求效果的一种管理活动。在这个过程中，财务会计侧重于实际运行状态的记录和总结；管理会计则是利用经济数据通过各种方法来帮助企业管理当局做出决策，侧重于过程控制，运用预测、决策和预算编制等技术方法完成其设定的管理目标。二者作为会计的两个分支，都是为企业管理服务，都是为了让企业获得最大利润，提高经济效益。

（二）基本信息同源

管理会计与财务会计始终是服务于管理的，它们同属于现代会计的范畴。会计划分成财务会计和管理会计两大分支，是适应所有权与经营权相分离的结果。管理会计与财务会计源于同一母体，都是直接反映企业生产经营活动的原始信息，它们记录、整理、汇总日常经济业务的程序和手段是共通的，共同构成了现代企业会计系统的有机整体，两者相互依存、相互制约、相互补充。

财务会计与管理会计都是会计信息系统的一部分，它们的信息均来源于企业经济活动的原始信息，都是以现代企业经济活动所产生的数据为依据，如资金、成本、利润等，通过科学的程序和方法提供，用于经济决策与控制，都是以财务信息为主的经济信息。只是，两者对同源信息进行加工整理所运用的方法不同，服务于信息需求的对象不同。

第六节　企业发展过程中的管理会计实践

管理会计基于自身的目标定位，作为现代企业管理体系的范畴，始终是服务于企业管理的。为了让企业获得最大利润并提升经济效益，管理会计伴随着企业的发展在实践过程中不断创新。从企业管理的视角来看，构成企业管理的体系由上层战略规划、中层管理控制和底层日常运营组成，因此，管理会计体系的建立应当与企业管理体系构建进行对应的衔接，以实现企业发展运营的战略目标。

一、管理会计的应用目标

对于一位企业管理者而言，高层管理者、中层管理者和基层管理者由于各自职能的差异而在组织内部所处的位置不同，并且，他们对于管理目标的认知理解、实施过程和如何实现也存在很大的差异。如果按照上面的阐述将企业管理控制划分为三个层次，那么，三个层次的管理者就会与此进行相应的职能对接。管理会计体系的建立在上承战略规划、中间与管理控制相匹配而下接生产经营管理活动的基础上，重在运用财务系统辅助日常运行活动，从原材料、产品生产、产品的物流运输以及最后环节的销售和资金回收进行成本等方面的控制。第一，应当确保资金的安全，从制单、审核、复核和划款的一系列流程进行标准化、规范化运作，保证对任何资金的进出都要进行有效的监督管理。第二，管理会计的目标并不仅仅是对资金往来的规范运作，还要通过财务数据对生产经营过程中的各个方面进行全面的掌握，特别是发生重大情势变更的情况下的风险因素识别和潜在风险的预测与控制，应当通过生产经营数据的细微变化进行精准的分析预测。比如，在建筑施工项目中，原材料的涨价、环境监督管理部门的监察力度加大或者政策的变化，引起的不仅仅是项目实施进度受到影响，可能还会造成项目不能按时完工而发生违约等重大的问题。第三，辅助企业在日常经营活动中分析出存在的问题，帮助企业指明未来的管理方向，通过财务数据从更深层面挖掘出企业面临的风险和不足，存在的机遇和优势，能够对问题进行及时的发现和解决。第四，控制成本一直是管理会计追求的关键性目标，对于任何企业而言，生产经营的目标就是在既定市场体系规范下能够通过提升自身的产品竞争力而获得更多的利润，而成本一直是制约利润的决定性因素。因此，管理会计人员应当全面系统地对特定组织的各项业务的特点进行掌握，结合实际情况科学合理地控制成本。第五，企业的竞争不仅存在于外部市场行为，同时存在于组织内部。通过制定科学合理的绩效考核机制，既能促进组织内部人员之间或者团队之间的有序竞争，同时能够通过奖惩机制有效地激发其工作积极性和创新性行为。基于此，可以将管理会计的目标具体化分为以下几个方面。

首先，为企业各个层面的管理者提供有效信息，帮助他们更加精准地掌握全面的生产经营动态，进而为他们制定计划和决策、调整生产方案提供必要的支撑。在管理者规划决策过程中，管理会计人员应当积极参与其中，及时利用财务数据进行分析进而为管理者提出可行性建议。因此，管理会计在企业的中长期战略规划和短期日常生产经营过程中具有重要的战略地位，对于企业未来的发展具有关键作用。

其次，协助管理者指导和控制生产经营活动。对于任何企业来讲，生产经营活动的成效体现在财务数据中，通过财务数据不仅能够对成本利润状况进行直观的了解，并且能够通过财务数据的对比分析生产经营的成本利润变化来发现企业存在的问题，以便于管理者及时掌握信息进行问题的协调处理。管理会计的职能正是通过财务数据的分析来发现企业日常经营活动存在的问题，并能够及时反馈给相应层面的管理者，协助管理者进行问题解决的可行性方案制定和论证等，这样一来，对管理会计从业人员的综合专业素养就会要求很高。在当前科学技术日新月异和信息流通高度发达的时代，各个行业的竞争更加激烈，各种新颖的生产经营理念和企业管理模式层出不穷，并各有优势和不足，针对同一行业领域的适用具有不同的特点。因此，快速切中不同行业领域的使用特点，从原材料采购、生产运营过程、成本利润核算等多个方面的重要环节进行把控，是管理会计从业人员实现这一目标的关键所在。并且，计量和评价企业的生产业务活动、部门及管理者和其他员工的工作业绩，作为企业升职加薪和绩效奖惩的依据，同时是保持企业内部稳定正常运行的必要前提。

最后，评价企业的核心竞争力。当前经济社会发展环境下企业竞争日益激烈，未来生产运营的不确定性因素大大增加，管理会计的一项重要职能就是能够对未来的各类风险因素通过日常生产经营的财务数据分析结合市场调研数据做出客观科学的评估，进一步对行业动态和市场竞争对手进行精准定位，动态评价企业在竞争中所处的环境，促进企业培养核心竞争力，并不断根据实际进行改善。

二、企业对管理会计的新要求

数字化时代，信息技术对经济和生活的改变巨大。信息、数据的产生和处理速度日益加快。人们的生活模式、工作模式，以及企业的商业模式都在不断变化，新的模式不断颠覆旧的模式，世界正在变得越来越复杂和不确定。

宝洁公司首席运营官罗伯特·麦克唐纳借用一个军事术语来描述这一新的商业世界格局："这是一个 VUCA 的世界。"VUCA 指的是不稳定（Volatile）、不确定（Uncertain）、复杂（Complex）、模糊（Ambiguous）。

在这样一个 VUCA 的世界里，企业的商业模式和经营状况充满了更多的不确定性因素，当今管理会计应用的一个主目标是帮助管理者应对众多的不确定性。在这样的环境下，传统的管理会计思维和技术已经不能满足企业需求。管理者需要更精细的数据、更实时的分析报告、更快的预测速度和更强的计算能力。管理会计应用需要不断引入新的思维和技术思路来应对这些管理挑战。

1. 更精细的数据

管理会计的本质是建立在数据收集、分析基础之上的精细化量化管理，它的使命是为管理者提供决策支持、促进管理精细化。

精细化管理是企业对管理会计的必然要求。随着经济的发展、竞争的加剧、企业规模的日益扩大，企业对精细化管理的要求日益迫切。企业需要不断提升数据的精细度，用以支持经营管理决策。

2. 更实时的分析报告

信息的时效性要求管理会计在分析数据时要快速、及时地拿到企业运营的第一手资料并从中挖掘出有用的信息。外部环境变化的加快要求管理会计系统处理数据的频度和速度不断加快。管理会计进行预算、预测、成本分析、经营报告的频率，将需要从过去以年、季度为基础，快速向以月、周、日甚至实时为基础转变。

3. 更快的预测速度

经济波动的周期越来越短，企业的经营变得越来越复杂和充满不确定性，这无疑对预测的速度提出了更高的要求。一旦预测不够及时，即使预测数据是准确的，也会丧失价值。

4. 更强的计算能力

大数据时代，企业在经营活动中能够获取的数据越来越多，包括来自 ERP（企业资源计划）、SRM（供应商关系管理）等各个信息化系统中的业务数据、财务数据、结构化和非结构化数据，这些海量数据需要经由信息系统进行实时存储、转换、加工，转化为有价值的数据用以赋能业务发展。企业要做到高效计算海量数据，就需要系统具备超强的计算能力。

三、如何将管理会计目标落实到企业发展中

对于管理会计的研究探讨，我们不仅要从理论上进行严密的逻辑论证，还要从实践经验中不断总结分析，探寻如何能够更好地将管理会计理论适用于具体的领域之中。尤其在当前时期，我国正处于建设现代化强国的新征程中，国有企业改革步入深水区、去过剩产能、发展实体经济、经济发展中低速常态化等一系列宏观调控措施正在有条不紊地进行着，企业需要更加精细化的管理模式以适应社会环境，特别是对于建筑企业来讲，其与水泥、钢铁等过剩产能产业密切相关，在房地产调控政策发生重大变化的情况下，如何进行升级转型发展，如何保持自身的核心竞争力，是一个迫切需要解决的现实问题。基于此，本节从企业管理过程中的六个关键性要素着手，讨论如何将管理会计理论落实到企业的具体生产运行过程之中。

1. 明确目标

管理会计是价值创造实践活动中不可缺少的一个重要环节，它所提供的价值不能单纯地与生产实践活动中的价值创造过程进行对比，并且，不能仅从财务层面进

行经济效益的衡量。管理会计的价值所在重点体现在企业管理的整个内控过程中，通过财务管理部门牵头，设立企业预算、采购、生产运营、产品销售、物流运输以及售后服务等一系列管理控制制度，以价值创造为核心理念，以成本节约为管理原则，以财务战略为主线引领创新绩效评价，以精益化管理进行管理模式创新，以有效信息共享为业务融合提供新的发展契机，进行管理会计在企业实践中的创新。

2. 设立引擎

企业全面预算管理具有极强的穿透性，同时又是企业进行稳定良好运转的起始端，全面预算管理应当是管理会计实践的引擎。利用管理会计工具进行全面预算管理，可以对企业总体规划进行具体化和数量化，其作用可以归纳为以下几点。其一，把企业的总体规划通过目标分解具体化和数量化为各个生产经营环节以及各个职能部门的任务，并且要依据各个职能部门的任务预算所需要的各类资源和它们之间的比例。其二，协调各个部门之间的工作，让管理者能够客观准确地认知和理解本部门目标与其他部门目标和企业整体目标之间的联系，从而在总体目标的指引下自觉配合其他部门的工作，在完成各自具体目标的基础上实现企业的总体目标。其三，控制日常生产运营活动，因为预算和实际执行结果一般会存在一定的差异，各个职能部门应当以全面预算为依据，通过计算对比及时提供实际执行结果偏离预算的差额，并配合财务部门分析原因，以便及时采取有效措施保证企业整体目标稳定顺利实现。其四，评价实际工作绩效，由于全面预算既能够反映企业总体规划，同时又能够反映各个部门的具体目标，所以全面预算是评价企业整体业绩和各个职能部门业绩的重要依据。

全面预算是一项系统化的管理工程，包含了预算制度、预算组织、预算方法、预算报表等重要因素，这些因素共同构成了全面预算体系本身。全面预算体系如图 1-2 所示。

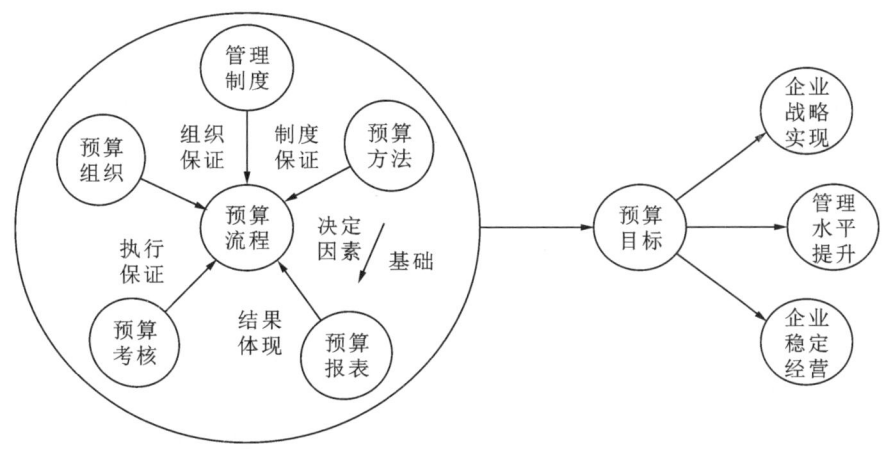

图 1-2　全面预算体系

3. 选择抓手

资金管理是财务部门的基本职能之一，同时也是企业各级管理者最为关注的重大事项之一，管理会计落地的切入点应当是资金管控。通过资金管控来实现企业价值创造是管理会计工具应用中最直接、见效快、可计量的措施，企业是否有稳定充足的经营性现金流是当前评价企业价值较常见、较重要的财务指标之一。比如，投融资决策，无论企业采取的是债务融资还是股权融资方式，监督募集资金的用途都是企业财务部门日常极为重要且必不可少的工作职能。

4. 全面延伸

企业生产经营的目标本质所在是盈利，而影响企业盈利的因素主要在于生产经营性收入和各类费用支出。在当前日趋激烈的市场竞争环境中，开源节流是企业求生存求发展应当努力的方向。一方面，尽可能通过提升自身核心竞争力，打造过硬的专业素养，保证产品质量的持续稳定改善，增加市场业务量；另一方面，对成本控制再控制以压缩到最低成本。从管理的视角来看，在总体目标确定之后，就要围绕这个目标组织实施各项生产经营活动的过程控制。企业管理者不仅要能掌握成本的实际水平，更要能全面深入地了解这样的成本水平是否代表或者接近一种有效率的生产经营水平，以便及时对各项成本加强控制。成本核算涉及企业生产经营活动的方方面面，因此成本控制是企业整个生产运营体系中不可或缺的环节，将管理会计的职能延伸到涉及成本的每个角落，才能达到有效控制成本的目的。

5. 构筑理念

管理会计的业务不仅分置于财务、企业管理等部门之中，而且很多领域和层级都蕴含着管理会计的思想和活动。财务的每项成本都是在企业的各个生产经营环节上发生的，所以管理会计应当关注怎么管理好这些环节，并使之系统化和高效化。因此，企业现有的财务工作人员必须明确认识到管理会计在企业生产经营中的核心作用并不仅仅是一些数据的简单计算，而是透过这些数据去发现每一个环节中存在的不足并进行改进。

6. 建立体系

在管理会计实施过程中，应当坚持价值创造这一总体方向。管理会计的本质作用就在于帮助企业管理者探索有效的资金管控利用措施和有限资源高效配置方法，以此来实现企业价值提升的创新之路。在管理会计推动企业价值提升的实施过程中，需要发挥关键性因素的驱动作用，通过战略规划的合理科学预算抢占资金管控前端，通过交互控制遏制资金运行风险，通过信息系统创新升级资金管理措施，通过绩效评价考核资金利用成效。

四、将管理会计思想融入战略管理研究和应用

在现代科学技术不断进步和管理模式不断创新的驱动之下，企业创新速度加快、发展空间缩小、竞争更加激烈，迫使企业管理的视野扩展上升到战略层面。为了配合企业管理模式的转型升级发展，管理会计需要从理论层面和实践层面双向扩展以适应企业战略管理的需要。

具体来讲，战略管理会计是指会计人员利用理论知识及更加全面的企业管理专业素养，向企业提供关于企业内外部环境的信息，并对这些信息进行分析研究，协助管理者制定并实施战略规划，进而打造企业核心竞争力，在未来可预期的市场竞争中取得长期持久的优势地位，维持企业稳定可持续发展的管理会计。在我国当前的经济社会环境中，为了适应市场环境的快速变化，战略管理会计应当在传统管理会计理论的基础上进行创新和发展，将应用范围从企业内部向企业外部延伸，关注企业外部竞争环境和市场变化情况，对竞争对手、客户以及政策等方面的因素做出必要的响应，旨在确立企业在市场中的相对优势。

相对来讲，为了实现对市场环境的宏观把控，战略管理会计更多的是基于外部性和长期性对管理会计一些静态分析方法和工具进行整合升级和系统化。比如，基于战略规划的综合平衡计分卡的实质是传统财务指标和非财务指标的整合，是各类方法的系统综合应用。随着企业发展环境的动态快速变化，管理会计的边界会变得越来越模糊，其未来的发展必然是与相关专业领域的深度融合，在结构上对企业管理与财务管理之间的重构和综合应用，重在提升企业的价值，围绕企业的核心竞争力，构建一个全新的价值信息会计系统。因此，从广义上讲，只要和企业生产经营管理领域相关，并能够提升企业价值的研究，都可以归入管理会计的研究范畴，不局限于财务会计、成本会计、财务管理和审计等传统的相关学科，绩效管理、社会责任会计、环境成本会计以及人力资源管理会计这类能够反映企业社会效益的新兴领域，也不局限于价值链分析、平衡计分卡、作业成本计算法和创新能力成长指标等管理会计的应用工具，包括统计学、数学以及其他一些学科的相关专业理论知识，都应当成为管理会计研究的范畴，并在研究和应用过程中进行有机融合，成为一个实用性强的管理会计体系，广泛应用于各个行业和领域。

第二章

管理会计的工具演进及变迁管理

在动态的变化发展中转型升级和改革创新，一直是企业发展的主旋律。同时，作为企业管理工具而存在的管理会计，其变化与发展同样是学科进步永恒的主题。自从 2014 年我国在继续深入推进现代企业管理制度的同时全面推进管理会计体系建设以来，管理会计工具的应用与研究进入了一个新阶段，成为财会领域的学者和实际应用者关注的热点问题，工具与方法繁杂，各类研究成果丰硕，开启了管理会计研究的新征程。正确把握管理会计工具的发展演进，对于深刻领悟管理会计理论知识和技术方法的内在逻辑架构与形成发展特征，促进管理会计学科体系的完善，以及构建中国社会主义发展新时期管理会计本土化理论与方法体系具有十分重要的现实意义。

第一节　管理会计工具的概念与演进

一、管理会计工具的概念

管理会计工具是根植于会计技术方法与学科范畴相结合的产物。2016 年财政部发布的《管理会计基本指引》从管理会计要素的视角将工具方法进行了明确的定位，引起了学术界广大学者的研究热情，同时，财会实务界的工作者们也对此给予了极大的关注。

（一）对于管理会计工具的认识

管理会计工具是管理会计职能的具体反映，是组织管理层决策和控制最为直接的表达手段。管理会计工具的渊源基于两个路径：一是理论拓展路径，就是在管理会计发展早期的学科构建过程中遵循"理念—概念—工具"的形成路径，从理论形成到概念界定，再到具体可操作方法，成为研究者学术研究领域和从业者实践应用领域之间达成共识的方法途径；二是实践总结路径，重点强调了管理会计的工具价值，从实践应用的层面出发，管理会计在企业管理中反复实践，在实践经验中进行总结和归纳，形成了符合自身特点的规范应用流程以及延伸发展的价值创造路径。无论是从理论创新还是实践应用归纳总结，管理会计工具的开发与应用都离不开企业管理实践提供的平台。同时，任何管理会计工具的实践应用与系统化、规范化都会随着应用环境的变化而进行理论扩展和方法创新，进而开发出新的管理会计工具。

（二）管理会计工具的概念范畴

作为实现管理会计目标的具体手段，管理会计工具与方法具有开放性，并随着实践的发展不断丰富和完善。究其应用领域来看，有的工具可能适用面较为广泛，而有的工具可能适用面较为狭窄，因此，任何管理会计工具在实践中的应用都不会是单一的，而是几种工具在企业管理中不同层面的应用或者它们在总体管控中的综合应用。所以，加强管理会计工具概念范畴的理解与认识，并注意不同方法之间的协调，加以综合利用，有助于管理会计应对企业管理不断提升要求的实际需求。企业在管理会计工具应用实施过程中，应当全面系统地研究每种工具与方法内在价值的逻辑建构，并对每种工具的应用过程进行合理的评估，选择合适的管理会计工具与方法引导管理制度转型升级并形成集约效应。比如，ABC/ABM 相对于传统的成本核算工具，具有更加全面的特点，并在业务改善方面表现出实用性较强的管理效果，一度受到众多企业管理者的热捧。但是，因为忽视组织内部成员行为的反作用结果，导致此类方法不能更好地发挥管理控制系统的作用。

二、管理会计工具的演进特征

管理会计工具服务于管理会计目标而具体体现为工具价值存在，并随着管理会计的起源发展和创新改进而形成和不断完善，是管理会计本质的体现，具体反映了管理会计职能和作用，具有动态演进的特征。

（一）管理会计工具的内涵

自从 2014 年以来，管理会计学的研究进入了一个新阶段，很多学者开始将管理会计实践应用层面转向理论层面上内涵的挖掘，并试图从内在的逻辑架构上构建更加完善且适合我国企业改革步向深水区转型发展的体系。因此，相对于其他学科，管理会计的创新发展是由管理创新与技术创新共同推动发展的，并不是由学科内部体系进行分支解构和理论突破而进行的。相对于其他学科而言，管理会计的创新研究推动缓慢。如果从管理会计师一种控制系统的视角来进行阐释，管理会计的工具价值在于，能够为企业核心竞争力的打造提供关键性助力，在企业资源转化为企业资产或资本的过程中，管理会计工具对关键性资源进行管控与整合方面的作用是至关重要的，甚至起到了决定性的作用。借助管理会计工具，可以更加精准地衡量企业技术开发能力、知识转化能力和组织管理能力，使企业在当前或未来的市场竞争中获得和保持稳定持久的优势。如果从管理会计是决策支持系统的视角来阐释，作为一种企业管理的手段，管理会计自身并不像生产运营实施过程中的价值创造那样能够进行具体的显示，正如单纯的人力资源管理或者单纯的财务管理一样不能创造出具体的价值，只有将管理会计工具与企业生产运营实施过程进行融合才能创造价值，管理会计工具价值才能得以体现。

（二）管理会计工具的演进特征

服务于管理会计目标，管理会计工具是实现管理会计职能和作用的手段。从学理上来看，工具可以是方法的必要构成部分，工具的实践应用就是方法可操作性的具体体现。并且，工具自身可以借助细分的方式，通过扩展边界及延伸应用领域等成为一种新的方法体系。基于服务于管理会计目标一致性的原则，可以将管理会计工具的表现特征概括如下。

1. 实用性

管理会计的工具价值在于应用于企业管理中助力企业提升价值创造的能力，并且在实践中形成自身逻辑架构特点的体系，在方法措施上不断改进与创新。实用性是管理会计工具创新与发展的根本动力，同时也是构建管理会计体系结构的基础。管理会计工具实用性的特点，决定了管理会计工具应当根据企业自身的实际情况在既定规范框架之下进行灵活的应用，以满足企业实际生产运营管理中的需要。管理会计工具的实用性特点还与企业产权性质、规模状况、所处行业特点以及行业市场地位、经营范围和业务种类等密切相关，实践应用中应当在差异中把握应用配合度。

管理会计工具在实际应用中，不应当追求理论上的先进性和方法上的新颖性，关键在于实践可操作性强和现实应用中的有效性。一旦教条性地过分强调方法上的创新性，可能会造成可操作性上的约束。管理会计工具来源于实践应用中的经验总结和归纳，通过实践中典型案例的总结和提炼成规范的操作标准，形成各类管理会计工具，是企业实践层面上进行理论抽象的一种升华。在我国当前经济社会可持续发展的要求下，借助数字化和人工智能等技术手段，将管理会计工具在企业数字化转型升级实践中深度融合，是管理会计工具创新发展的必要前提，也是管理会计工具实用性的精华所在。

2. 整合性

单一的工具本身存在一定的局限性，围绕特定的目标进行几种或者多种工具的综合应用，进行优势互补，进一步对它们进行整合而形成新的工具，是管理会计工具整合性特征的集中体现。比如，可以将同一类型的工具进行整合，在建筑企业的施工实践中，将全面预算管理中的零基预算和弹性预算进行有效整合；也可以将不同类型的管理会计工具进行相互之间的整合，作业预算管理就是将作业成本计算法和预算管理进行相互之间的整合，形成新的管理会计工具。进一步，我们可以拓展思维模式，将管理会计工具的整合延伸到管理会计学科之外的财务管理范畴。比如，将管理会计工具与营销管理工具进行融合，把管理会计工具中的目标成本计算、生命周期成本计算和战略成本计算等嵌入到营销管理的计量职能之中，形成一种新的工具方法体系，综合应用于成本全面控制。甚至，可以突破管理学和经济学的领域而延伸到自然科学的领域。比如，大数据预算管理就是对人工智能与预算管理的整合进行了管理会计工具创新。将各种先进的科学技术或者先进的管理理念等应用于管理会计工具，进行适合本土化企业管理的实践应用，是理论界和实务界专业人士的目标所在。因此，在管理会计工具创新发展中突出整合性特征，具有十分现实的意义。

3. 包容性

管理会计工具兼具开放性和包容性，这是由管理会计学科自身特点所决定的，因其具有求同存异和兼收并蓄的学科属性，让管理会计工具在包容性的特征上得到了更好的传承与发展。管理会计工具的包容性更多地体现于其实践应用中，不仅广泛应用于制造业领域，而且广泛应用于金融证券业。比如，作业成本计算法最早起源于制造业，但在后期的实践中在银行业、证券业以及项目施工监督管理业和工程咨询业等得到了更加广泛的应用。相关文献资料显示，作业成本计算法在项目施工及其相关领域的应用中主要有以下几种类型：一是用来分析各个施工项目部的盈利性和施工进度等；二是应用于评价潜在客户和市场竞争者；三是应用于招投标管理中分析特定项目的预期盈利性；四是作为整体战略评价工具，其决定可选择项目的取舍和实施进程管理；五是应用于作业分析评价和进程中的持续改进管理等。进一步，在外部环境的不确定性增加和市场竞争的不可预期性加剧的新形势下，管理会计工具应当采取更加广泛的视角审视企业实践，应用包容和开放的理论研究管理会计工具问题。因此，认真总结与分析包容性的演进思路，通过变迁管理来正确引导管理会计工具的创新发展就十分重要。管理会计领域的理论研究者和实务工作者必须采取更加开阔的思维，以更加包容的精神，对管理会计工具的应用发展进行更加透彻的研究和领悟，积极主动容纳其他学科的优点，通过整合创新将其转变为可应用于管理会计体系中的具有实际可操作性的工具，结合管理会计工具功能属性逐步使其融合到管理会计工具的实践价值内涵之中，形成一个规范化的、由外到内逐步渗透融合的融会贯通过程。

4. 权变性

对于特定企业或组织而言，管理会计工具的创新与发展既可以从功能性特征的视角入手进行突破，也可以从本质属性出发在归集的基础上进行延伸和拓展。同时，管理会计工具因其实践过程中的可操作性和灵活性而不会对所有决策具有同等重要的功能和作用，自然不能从管理会计工具的利用效率出发。单纯评价其实践应用中的适用性效能。管理会计工具本身是权变的产物，在企业管理中作为管理者进行决策的辅助工具起到的影响作用往往会受到可预期或不可预期因素的影响，在企业实践中的价值会被低估或者高估。并且，因为不同研究者对于不同概念的定义和计量的差异性，不同实务工作者在不同行业中对于管理会计工具的应用场景存在不同程度的差异，使得管理会计工具权变性研究的结论缺少可比性和可累积性。因此，管理会计工具必须结合新时代的特点，思考企业的具体实际，在宏观政策的调控下进行创新发展，基于管理会计工具自身的属性从内涵挖掘和外延突破上进行整合。比如，将共同富裕理念嵌入到管理会计工具中，就不能将企业社会责任与经济效益上的利润最大化追求进行较好的平衡，考虑企业的社会信誉和公益价值等诸多社会责任因素进行整合性的工具改进。

总之，在管理会计工具应用拓展上，应当考虑工具的实用性与当前形势下的机遇，在政策的引导下适时地、积极主动地开发与创新。比如，在企业数字化改革的进程中，在提升预算数据的及时性和精准性上，应当对利益分配机制等进行必要的调整，动态调整在未来的管理会计工具创新发展中成为一种可能或现实。

5. 整体性

管理会计作为企业管理的工具价值而存在，应当通过持续、渐进、动态的整合与优化，及时根据企业管理实际进行整个体系上的创新发展，这正是管理会计工具整体性的具体体现。并且，财务共享与业财融合也是企业管理对管理会计工具整体性特点提出的内在要求。从原创性的管理会计工具来看，其创新可能是企业在内在推动力的作用下通过日常实践经验总结和归纳的应用价值提升，也有可能是对其他企业或组织既有规范化、标准化防范措施的学习借鉴，不同企业或组织因为资源禀赋或内外部环境的差异，其实践中对于管理会计工具的要求不同，从而让管理会计工具在整体性特点上的体现有所差异。

从"理念—概念—工具"的理论创新路径形成的管理会计工具来观察，管理会计工具的创新发展应当结合企业实践不断加以修正、完善，进而形成符合自身实际需要以及延展应用的工具属性。所以，不管是基于企业自身实践的工具理论，还是来自理念延展的价值属性，管理会计工具必须要强调企业管理的整体性，在企业实践应用中的价值性，从企业管理全局的视角下对管理会计工具的创新发展进行把握。

6. 情景性

管理会计工具作为企业特定情景下的创新产物，是企业需求在不同情景下的应用引导与价值判断，以及针对工具理性的行为做出的最优选择。正确理解和认识管理会计的工具属性与价值理性，是情景性特征下的管理会计研究课题。管理会计工具的情景性特征表明管理会计从业人员只有广泛参与到企业的各项生产经营活动中，才能够对企业的价值创造过程进行全面的把握，才能够利用管理会计工具发现或挖掘企业的价值创造机遇并积极投入到企业价值创造的生产经营活动之中。

在数字经济时代，企业面临着前所未有的机遇和挑战，管理会计从业人员应当积极与其他部门的工作人员进行通力协作，更好地应用管理会计工具辅助企业生产经营活动发挥价值创造作用。2014年财政部发布的《关于全面推进管理会计体系建设的指导意见》中强调全面性，恰恰就是情景性特征的具体体现和要求。在现代企业管理体系中，管理会计自身的管理职能属性通过各类财务管理活动得以体现，其情景性与宏观层面的经济政策和中观层面的产业发展密切相关，在参与微观的企业生产经营活动中得到了形象生动的体现。在我国当前经济发展现代化高质量的要求下，企业改革步入深水区，供给侧结构性改革目标和集约化环保化的规范制度对管理会计的情景化应用提出了更高的要求。比如，国务院的降成本政策导向对成本的概念内涵和外延以及成本管理与控制的重点提出了具体的要求，管理会计中的成本管理工具就必须与该具体要求相结合，根据企业实际应用的情景性特征进行工具整合和调整。

第二节　管理会计工具体系的构建

依据管理会计的职能作用进行概括，管理会计的目标是通过提供有用的信息，运用管理会计工具方法，充分发挥管理会计解析过去、控制现在和筹划未来的职能，支撑相关决策，强化和完善管理控制，促进业务协同发展，以实现单位的战略规划目标。基于这样的表述，我们可以清楚地知道，管理会计工具是企业实践中应用管理会计所采用的相关模型、技术规范和流程等的统称，是管理会计目标实现的具体手段。

一、管理会计工具体系框架

按照财政部出台的各类规范性文件，我国的管理会计制度体系建设沿着"基本指引—应用指引—案例指南—咨询服务"的路径全面推进。在 2016 年 6 月发布《管理会计基本指引》之后，财政部于 2017 年 9 月发布了《管理会计应用指引第 100 号——战略管理》等首批 22 项管理会计应用指引，于 2018 年 8 月发布了《管理会计应用指引第 202 号——零基预算》等第二批 7 项管理会计应用指引，于 2018 年 12 月发布了《管理会计应用指引第 204 号——作业预算》等第三批 5 项管理会计应用指引。财政部于 2016 年 1 月发布了征集管理会计案例的通知，并对单一工具方法案例和综合类案例进行了全面详细的阐释。随后，从 2016 年到 2019 年公布了管理会计案例索引三到管理会计案例索引十，于 2019 年 12 月公布了管理会计案例库，于 2020 年 7 月公布了管理会计行业调研及案例第一辑到第五辑，于 2022 年 1 月公布了资产集中管理会计处理案例。财政部于 2018 年 12 月公布了第三届管理会计咨询专家名单，并对咨询专家的权利义务及管理办法进行了相关规定。

《管理会计基本指引》将管理会计的普遍规律进行提炼上升到规范标准，对管理会计的基本概念进行界定，对应用原则、方法、目标等内容进行必要的阐释，在管理会计工具体系中起着统领作用。《管理会计应用指引》是在《管理会计基本指引》的基础上，以管理会计工具与方法为载体，对企事业单位及各类其他组织在管理会计实践应用中的具体指导，在管理会计工具体系中占据主体地位。同时，企业各级管理者和管理会计实务工作者可以借助《管理会计应用指引》调整或创新工具方法，提升组织内部的管理水平，为各类决策问题提供更加合理可行的方案。

财政部于 2016 年 6 月发布了《管理会计基本指引》，以加强企事业单位管理会计工作，促进经济转型升级。《管理会计基本指引》在第一章第二条中对管理会计指引体系进行了必要的说明，在第四条中对管理会计的应用原则从战略导向、融合性、适应性和成本效益等四个方面进行了阐释。在接下来的第二至五章一一对应管理会计的四个要素。其具体划分情况如表 2-1 所示。

表 2-1 《管理会计基本指引》内容结构体系

总则（第一章）	共有六条：第一条和第二条对管理会计基本指引的制定依据、目的、体系构成进行了必要的说明，第三条对管理会计目标进行阐释，第四条对应用原则进行了归纳概括，第五条和第六条对管理会计的应用主体和应用环境进行了说明
应用环境（第二章）	共有六条：第七条对管理会计应用环境从内部环境和外部环境进行了阐述，第八条提出以价值创造推动业财融合的发展模式，第九条对组织架构进行了说明，第十条对责任权限进行了阐述，第十一条阐述了资源保障，第十二条提出加强管理会计专业人才的培养
管理会计活动（第三章）	共有五条：第十三条概括性地对管理会计活动范畴进行了界定，第十四条指出信息支持的作用，第十五条指出应当融合财务和业务等活动，第十六条指出应当设定定量定性标准，第十七条指出应当合理设计评价体系以持续改进管理会计应用
工具方法（第四章）	共有四条：第十八条指出管理会计工具方法是实现管理会计目标的具体手段，第十九条对管理会计工具方法进行了必要的界定，第二十条从七个方面对应用领域进行了解释说明，第二十一条指出应当结合实际情况加强管理会计工具方法的系统化、集成化应用
信息与报告（第五章）	共有六条：第二十二条对管理会计信息进行了界定，第二十三条对信息渠道及获取方式进行了说明，第二十四条指出现代信息技术在管理会计工具方法应用中的必要性，第二十五条指出管理会计信息应相关、可靠、及时、可理解，第二十六条对管理会计报告进行了阐释，第二十七条对报告期间设定进行了规定
附则（第六章）	共有两条：第二十八条对解释权进行了说明，第二十九条对生效时间进行了说明

通过三个批次的管理会计应用指引发布，财政部目前一共发布了 34 项指引（其中 8 项概括性指引和 26 项具体工具指引），构成了管理会计工具体系，如表 2-2 所示。

表 2-2　管理会计工具体系

类别	基本工具
战略管理（第 100 号）	101 战略地图
预算管理（第 200 号）	201 滚动预算、202 零基预算、203 弹性预算、204 作业预算
成本管理（第 300 号）	301 目标成本法、302 标准成本法、303 变动成本法、304 作业成本法
营运管理（第 400 号）	401 本-量-利分析、402 敏感性分析、403 边际分析、404 约束资源优化、405 内部转移定价、406 多维度盈利能力分析
投融资管理（第 500 号）	501 贴现现金流法、502 项目管理、503 情景分析
绩效管理（第 600 号）	601 关键绩效指标法、602 经济增加法、603 平衡计分卡、604 绩效棱柱模型
风险管理（第 700 号）	701 风险矩阵、702 风险清单
其他	801 管理会计报告、802 管理会计信息模块、803 行政事业单位

《管理会计应用指引》作为管理会计工具应用体系的一个重要组成部分，由概括性指引和工具方法组成。8 项概括性指引以"100""200""300""400""500""600""700"等数字加以标识，除了"300"成本管理这一项是管理会计工作者自身可以独立完成的之外，其他 7 项均需要企业的其他相关部门进行通力协作才能够规范有序、顺利高效地完成。"800"是后期补充的类别，并为概括性指引的扩展保留了应有的空间。工具性指引则是以"101"，…，"802"等进行了标识。我国《管理会计应用指引》积极借鉴了发达国家的做法并结合我国的企业管理实际进行了改进和完善，充分体现了指导性、应用性、开放性和可操作性等特点，也有利于组织进行选择与应用，能够在一定程度上促进我国与其他国家的管理会计工作者在专业技术方法上进行交流。此外，结合案例指南来优化相关的网络资源，让管理会计体系能够在实践应用中更好地落地，丰富和拓展管理会计知识体系，增进管理会计工作者对于工具与方法创新驱动的客观需求，促进管理会计实践应用中的理论升华和体系完善。

二、管理会计工具体系的层次结构

进入 21 世纪以来，人工智能和移动互联网等科学技术的普遍应用，带来了各个领域的颠覆性创新，管理会计数字化的倾向更为明显，不仅管理会计研究者追求管理会计工具形式上的人工智能模型建构和大数据工具的融合应用，而且管理会计工作者也开始将更多的关注倾向于智能化操作。将管理会计工具体系的构建建立在企业实际应用的基础上，顺应企业管理的变化而进行改进和完善是管理会计工具体层次结构构建的前提。

1. 管理会计工具体系按照应用领域分类的必然性

管理会计本质上是管理活动，是顺应企业管理发展过程而进行的实践性管理活动，也就是说，它是随着内外部环境的发展变化而发展变化的。因此，从管理会计的本质来看，也能够得到管理会计工具权变性等动态变化的特征。管理会计工具同时要兼顾管理控制系统功能与信息支撑系统功能，因此，划分管理会计工具类别应当从应用场景入手是符合管理会计形成与发展要求的，也是管理会计工具形成与发展的客观规律之所在，按照应用领域进行管理会计工具分类具有客观必然性。因为外部环境的发展变化，管理会计作为企业的一种权变性管理方法或措施手段，随着不确定性与不稳定性对企业生产经营环境等的不断刺激，如何进行划分才能够更好地符合企业情景性特征下的各类实际需求，需要不断深入的研究探索。

从管理会计管理活动的本质特征与功能视角出发，管理会计工具形成与发展的最为直接的路径就是管理会计的职能。依据马克思主义实践论的观点，"实践—理论—再实践"是一个螺旋式上升过程，理论为实践提供指导方向，实践反过来为理论提供纠偏和矫正的前进动力。基于此，按照我国一些学者的观点，可以将管理会计工具按照五大职能划分出 20 多种工具，如表 2-3 所示。

表 2-3　按照管理会计职能划分的管理会计工具体系

职能	工具名称
预测	生产经营活动预测、全面预算管理、本-量-利分析等
决策	资金时间价值、投资决策方法、风险管理等
战略规划	生命周期评估法、财务战略管理、业财融合、研发投资管理、价值链分析、环境管理会计、全面质量管理、内部转移定价等
控制管理	边际贡献分析法、变动成本法、标准成本法、精益化管理、现场管理、准时生产方式、EOQ 模型等
评价	责任会计、平衡计分卡、经济增加值、关键绩效指标、绩效三棱镜、非财务报告管理等

从表 2-3 的划分中，我们可以进一步从"目标-职能-工具"的视角来理解管理会计的学科特征，对于管理会计工作者在实际应用中具有指导作用，在把握管理会计学科整体上具有很大的帮助。从管理会计学科动态发展的视角来看，基于应用领域颁布管理会计工具指引成为全球管理会计研究与应用的主导潮流，得到了业界大多数国家的认可。2021 年财政部颁布的《会计改革与发展"十四五"规划纲要》提出：

会计职能对内对外拓展，包括对内提升微观主体管理能力与对外服务宏观经济治理两个方面。这样的表述明确表明，如何结合国情与企业实际因地制宜，是管理会计工具演进过程中变迁管理的重要内容。

2. 管理会计工具体系具有明显的层次性

从 2014 年财政部全面推进管理会计工具体系建设，2016 年发布《管理会计基本指引》，再到 2017 年陆续发布管理会计应用指引系列，确立了我国管理会计工具体系的层次性。以管理会计应用指引中的"全面预算管理"这类工具方法为例，财政部以"第 200 号——预算管理"进行了"概括性指引"，即预算管理指引。预算管理指引制定的依据是《管理会计基本指引》，制定预算管理指引的目标是促进企业加强预算管理，发挥预算管理在企业战略规划、决策、控制管理和评价中各个环节的作用。预算管理包括三个步骤——预算编制、预算执行和预算考核，构成一个完整的预算管理体系，缺一不可。《管理会计应用指引第 200 号——预算管理》由六章共三十三条组成，具体内容如表 2-4 所示。

表 2-4　《管理会计应用指引第 200 号——预算管理》内容结构体系

总则（第一章）	第一至七条，对制定目的和依据、预算管理的定义、内容以及实施原则等进行了阐述
应用环境（第二章）	第八至十三条，对实施环境、战略目标、具体化业务、专门机构设置、内部管理制度健全和信息系统的利用等进行了必要的说明
预算编制（第三章）	第十四至十六条，对预算编制工作制度、编制流程与方法、预算审批和审批注意事项等进行了明确的规定
预算执行（第四章）	第十七至二十七条，对一般程序、预算控制及其定义、授权控制制度、监督与分析制度、预算目标的分解、分析执行差异和预算调整等进行了规定
预算考核（第五章）	第二十八至三十二条，对预算考核的含义、原则、制度建立、主体及对象界定和结果分析进行了必要的阐释
附则（第六章）	第三十三条，对解释权归属进行了说明

预算管理指引作为概括性指引，明确了制度依据和目的，界定了预算管理的含义，阐述了预算管理的内容，解释了预算管理应当遵循的原则以及可以应用的管理会计工具与方法，描述了预算管理应用环境以及预算管理编制、执行与考核，规定了解释权的归属。

作为管理会计工具与方法的概括性指引，预算管理指引规范了应用范围，明确了共性特征，在概括性指引的前提下根据实际需要灵活地进行各类应用工具的增列。

还是以预算管理这类工具为例，在预算管理指引大类之下进行了工具方法指引的增列。比如，"第201号——滚动预算"，通过五章共二十一条进行了滚动预算含义的界定、内容的阐释、应用环境与应用程序的描述以及解释权归属的说明。《管理会计应用指引第201号——滚动预算》的内容结构体系如表2-5所示。

表 2-5 《管理会计应用指引第 201 号——滚动预算》的内容结构体系

总则（第一章）	第一至三条，对滚动预算的定义、内容以及一般要求进行了必要的阐述
应用环境（第二章）	第四至七条，对预算管理经验和能力、信息系统和预算管理编制的基础数据进行了必要的说明
应用程序（第三章）	第八至十八条，对滚动预算的应用程序、预算周期及滚动频率、确定预算编制内容、确定预算编制基础、测算预算方案、中短期滚动预算的编制要求、生成预算编制方案、滚动预算编制方案、借助信息技术以及调整资源配置和管理要求等进行了详细的论述
预算执行（第四章）	第十九至二十条，对滚动预算的优点和缺点进行了评价
附则（第五章）	第二十一条，对解释权归属进行了说明

作为工具性指引，滚动预算指引明确了编制滚动预算是以会计持续性经营假设为基本前提，预算随着企业生产经营活动一直持续下去，并能够全面动态地反映企业生产经营实施过程。因此，滚动预算编制应当与企业生产经营过程相适应。与其他预算工具方法相比较，滚动预算的连续性、完整性和稳定性是突出的优点，滚动预算还具有高度透明性和及时性。

总之，我国管理会计工具体系是按照应用领域进行类别划分的，并且具有鲜明的层次结构性特征。

第三节 管理会计工具的变迁管理

管理会计工具的变迁管理的核心要素是提高管理效率，实现生产经营的高效率运行，生产质量过硬的产品，赢得客户的满意和认可，履行社会责任而实现企业信誉的提升。管理会计工具的权变性特征表明，客观看待管理会计中的客观实际问题，加强管理会计工具的趋同与国际比较研究，并适时引导管理会计工具实施变迁管理。

一、管理会计工具类别划分的变迁管理

管理会计工具类别的主流划分方法是按照应用领域进行工具与方法的归集，重点在于为需求者在选择管理会计工具与方法上提供便利。当前存在的一个问题是，管理会计工具以及设计理念在供给侧层面过分聚焦，这很明显会影响到管理会计实务操作上的合理性选择。因此，加强对管理会计工具类别划分的变迁管理在当前具有十分重要的现实意义。

从需求侧的视角出发，管理会计工具的变迁管理是因为企业面临的竞争环境发生了变化，使得企业组织结构与战略规划受到了重大影响，管理会计工具结构本身就同时面临着相应的调整或变迁。加强管理会计工具方法类别划分的变迁管理和研究，有助于关注不同组织采纳或者不采纳各类管理会计工具或者理念的现象和深层次的原因，寻求对管理会计微观层面实践的深层次理解和工具应用的选择动因。企业的行业性质、成本结构、内外部环境、市场竞争状况和长中短期的战略规划，都会对管理会计工具在实践应用中的效果产生明显的影响，并且每一种管理会计工具的优劣会因为管理人员对其认知和理解不同而具有很大的差异性。我国经过了几十年的市场经济发展，已经形成了完善的现代企业管理机制，当前的管理会计工具已经进入了理性运行的阶段，各种组织或各个企业能够根据自身的实际状况选择所需要的管理会计工具。在这样的时代背景之下，管理会计工具类别是否应当按照应用领域进行划分或者说怎么更好地进行划分，是值得进一步研究的问题。

从企业的实际应用情况来看，现有的管理会计工具与中长期投资决策有关的评价方法已经普遍得到国有大中型企业的应用，成为必备的前置条件。相对于大中型国有企业，中小民营企业对于短期决策的管理会计工具更加青睐，这与企业应对市场竞争环境及自身所拥有的资源和核心竞争力密切相关。随着我国改革开放的进一步深入，改革步入深水区，企业的预算管理已经转向全面预算管理。结合当前人工智能化、数字化管理的不断推进，预算管理工具应当配合和顺应企业管理转型升级发展的需求进行全方位的提升。客观上来说，我国的管理会计工具在应用实践中，能够灵活结合企业管理的实际状况，呈现出了典型的中国特色。比如，成本管理工具已经从企业自身转向多层次结构性降成本的目标需求，并且，社会责任随着我国环保政策的不断收紧和绿色节约化发展道路的宏观政策调整不断加大，经济效益和社会效益并重，其突出的标志就是制度供给具有了多层次性的特征。

管理会计工具类别中的应用不仅自身经常发生变化和改变，并且，企业组织面临的外部环境发生重大变化也对企业在管理会计工具应用选择上带来了较大的挑战。比如，早期应用于业绩评价的平衡计分卡，现在则是更加广泛地应用于战略目标的

管理等方面。同时，科学技术进步不断加快，带来了新工具创新发展的速度不断加快，并迅速从发源地向着世界各个角落扩散。企业数字化转型发展和人工智能的普及应用带来了传统管理会计工具的整合升级发展就是很典型的例子。加强管理会计工具类别划分的需求侧管理，就是要调动企业自主创新管理会计工具的积极性，同时提高企业在选择应用管理会计工具上的灵活性、自觉性和自信心。

从供给侧视角出发，管理会计工具变迁的供给侧结构管理表明，管理会计工具的创新升级与实践改善是否具有更好的体现，能否将数字化管理、人工智能等新技术手段进行很好的融合以推进企业管理效率的提升，对于企业各个层面的管理者而言，实施创新的主动性与积极性和创新效果如何等在很大程度上都具有不确定性。虽然，当前需求侧的创新路径已经成为管理会计工具形成与发展的重要源泉之一，同时应当重视企业的社会责任成本等方面的管理会计工具的供给侧管理。企业作为社会的重要组成部分，首当其冲考虑的就是企业的社会责任承担，必须根植于社会，考虑企业的社会效益和企业的社会信誉。企业的战略、生产运营与管理在考虑自身核心竞争力打造以获取更加丰厚利润的同时，也必须关注利益相关者的诉求。任何一个企业都不是独立存在的，只有通过履行经济、文化、教育、环境等各个方面的责任，才能够保持企业的可持续稳定发展，抛开这些而只关注自身的切身利益注定是走不远的。

因此，管理会计工具创新应当围绕企业战略规划以及价值驱动等因素，直接参与企业内部各项行动方案、日常生产经营指标及管理总体目标的规划、设定，并通过社会责任预算、责任成本考核以及其他相关的业绩评价等进行控制，来实现企业可持续的价值创造与价值增值，这也正是管理会计工具价值的具体体现。

二、管理会计工具创新的动因管理

从总体上来看，管理会计工具在全球化的发展过程中具有趋同的特征。从创新视角来观察各类管理会计工具在实践趋同中的个体差异性，并寻求这些差异背后的动因和经济后果，是管理会计变迁管理研究中应当深入思考的重要问题之一。

从管理会计工具创新的前瞻性来看，外部社会经济环境的变化不仅带来了新的管理理念和创新思维，在面对挑战的同时也形成了突破自我的机遇。前瞻性地思考现行的管理会计工具管理实践经验，居安思危，透过外部环境发生的变化感知组织自身内部的潜在的危机和可能的机遇，进行组织结构和运行流程的改变以适应这种变化，正是各种外生环境因素刺激组织内部寻求改变而进行管理理念的改变和突破，从而引起组织结构和运行流程的升级转型，带来了变革管理控制和绩效评价等工具的需求，是能够为广大企业所接受的创新路径之一。并且，组织外部环境变化因组织内部的创新，能够对企业的收入、成本和资产要素产生深远的影响。创新驱动下的前瞻性管理模式如图 2-1 所示。

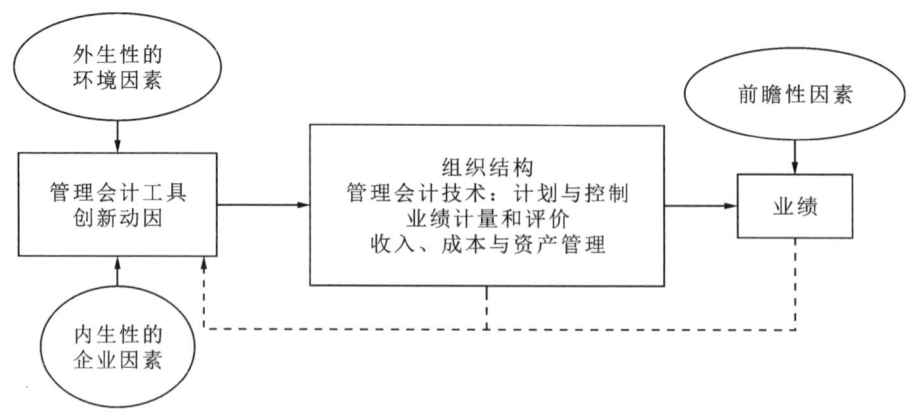

图 2-1　创新驱动下的前瞻性管理模式

　　管理会计工具的创新驱动受外部的竞争压力、市场化程度、产业政策、环境管制以及媒体监管等因素的影响，并且受内生的环境因素及产权性质、委托代理、信息不对称等变量的影响。当前主要有"双循环"以及企业数字化转型等前瞻性因素对企业产生影响。从"双循环"这一情景因素来看，它是基于国际形势的变化而提出的一种新发展格局。或者说，中国经济行稳致远需要对全球经济格局做出战略选择。强调以国内"大循环"为主体，实施国内国际"双循环"，是我国供给侧结构性改革的客观需要。面对"双循环"的新发展格局，管理会计工具应如何应对外生环境因素的影响，关键是要立足于中国特定的政治、经济、社会、文化等制度背景。比如，以价值创造为管理会计工具创新的目标，结合前瞻性因素以实现企业业绩最大化。管理会计工具的创新需要寻找新的结构性动因与执行性动因，要紧跟数字经济发展的新时代要求，从企业战略、产业链整合与企业间协作、生产流程改造与价值管理、网络化与智能化推进等诸多内生因素出发，直面挑战并主动开展变迁管理，即将管理会计工具置身于新经济时代的发展潮流之中。

　　财政部在发布的《会计改革与发展"十四五"规划纲要》中提出：会计职能对内对外拓展，包括对内提升微观主体管理能力和对外服务宏观经济理两个方面。这为管理会计工具创新指明了方向。着眼于服务各类单位提高内部管理水平和风险防范能力，《管理会计基本指引》和 34 项应用指引体系陆续出台，内部控制建设的督导力度日益增强，会计凭证电子化全面开展，会计职能实现从传统的算账、记账、核账、报账向价值管理、资本运营、战略决策辅助等职能持续转型升级。管理会计工具创新必须开阔视野，跳出工具看工具，结合企业实践，勇于创新。必须结合新经济时代的信息技术特征，积极嵌入人工智能、区块链和"互联网＋"等数字技术手段，提升管理会计工具在企业实际应用中的效率。

从管理会计创新动因的现实性来看，因为疫情影响，全球物流供应链出现了断裂，产业链同时也面临着严重的冲击，国际贸易受到不同程度的影响，我国的经济发展变得缓慢，开始进入经济发展新常态，"双循环"战略是积极应对全球经济发展不确定性和不稳定性的重要举措。从目前我国产业集群整体发展的水平来看，大多数产业仍然处于加工制造环节，收入来源重在成本节约与成本控制。因此，从现实性出发，引导管理会计工具进行创新驱动，是积极应对国内外经济社会环境不确定性的重要手段。针对供应链、产业链驱动价值实现出现的同一区域数次周转的情况，传统的成本核算、交本管理等更趋于复杂，也表现得更具有多样性。或者说，价值链的各个主体的规则将更趋于严格。在这种现实情景下，管理会计工具创新必须提高针对情景的权变性与动态组合性等特征需求。一般而言，外部环境的不确定性是由环境的复杂性等因素引起的，而不稳定性则是由环境的动态多变性等因素造成的。或者说，企业面临的不确定性与不稳定性，主要是由于企业占有信息的不充分，或者对重要资源的占有不够强势，进而对外依赖性过强，影响决策者的决策能力。

战略展望是管理会计工具变迁管理的指引或指南，它可以帮助企业培养"双循环"的感受，以及适应今后几年应对各种事件的能力。战略展望作为企业管理的重要手段，其一个重要功能就是情景规划，引导决策者在展望未来可能性的同时做好眼前工作，度过高度不确定性的时期。面对外部不确定性与不稳定性，政府管理当局应当围绕产业集群发展提供沟通的信息渠道或手段，增强管理会计工具创新的层次结构，尤其是关注区域战略优先事项，促进企业组织间的协同发展。面对不确定性时期，如何制定并展现管理会计战略，管理会计工具创新必须主动将战略展望融入到管理战略之中，发挥创新的力量，在未来规划和当前实践之间建立起动态联系。现实性管理模式的分析框架如图 2-2 所示。

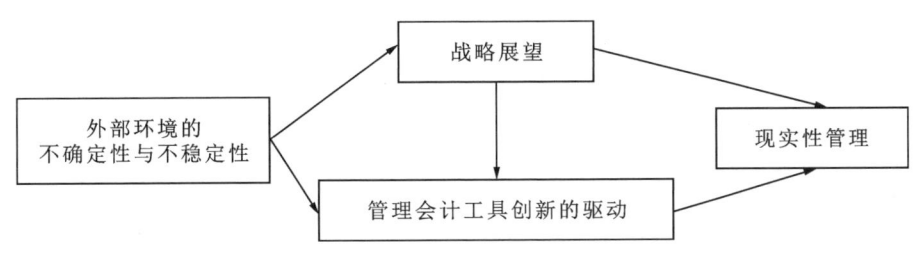

图 2-2　现实性管理模式的分析框架

面对外部的不确定性与不稳定性，管理会计工具创新要充分展现战略展望的理念或积极的力量，增强面对现实的主动性与积极性。管理会计工具的变迁管理要鼓励企业进入组织与技术创新的最前沿。"双循环"与"数字化改革"作为引领未来管理会计工具创新发展的两大动因，将在战略、作业、成本等层面强化管理会计工具的现实性需要。

当前，我国已经成为全球化的主战场，国内外有影响力的大企业将成为国内大市场中的资源整合者，企业之间的竞争将会在产业集群或区域经济主体之间展开，管理会计工具创新要结合竞争与战略合作，谋求利益共享的数字化技术应用的主导权。同时，通过管理会计工具提供多类别的财务与非财务信息，帮助企业有效决策并建立起长期的竞争优势。从内生因素来看，管理会计工具创新要服务于应对组织内部不确定性带来的消极影响，提高组织的价值创造能力。比如，面对数字化改革，通过重塑产品设计、目标成本管理、顾客成本及盈利分析、产品周期成本管理等管理会计具的内涵与外延，来调整现实性管理的传统方式，即从战略发展的视角重新审视管理会计工具应涉及的新领域、新问题和新焦点。

随着企业数字化转型速度的加快，平台经济主导的企业间合作会使企业进一步虚拟化、网络化与无边界化，管理会计工具创新要引导企业从"利润最大化"的实现手段向使用"流程管理"的工具转变，使管理会计的目的更贴近市场，激励企业管理创新与技术创新的热情，尤其是开展管理会计的制度创新，以最大的诚意和实际行动来满足顾客需求。当前，数字化技术的应用使各种智能化工具得到普及，信息不对称产生的机会主义行为开始得到制约。管理会计工具创新的重点是构建正向的约束机制，防止原生型的数字化企业借助自身的平台经济主导权侵占合作伙伴的利益，或者实施资本的无序扩张等行为。总之，管理会计工具创新在主动适应数字化经济发展的同时，通过价值链管理的方法创新，实现价值链上连接方式的低成本、快速反应，扩大企业的规模效应、范围经济效应和共生经济效应，为企业的价值创造与价值增值提供管理控制的积极功效。

三、管理会计工具实践应用中的场景管理

从学科来看，管理会计作为一门务实性学科，其形成与发展的时期还相对较短，实践中往往偏向于技术方法的应用。或者说，管理会计是以工具与方法为主体的学科。尊重这一事实，有助于促进管理会计制度体系的改革与发展，并加快管理会计工具的开发与应用。

从管理会计工具应用场景的动态化管理来看，自财政部 2017 年开始陆续发布"管理会计应用指引"系列以来，实践中的反映是"管理会计工具并未能得到广泛的推广应用"，或者说，不论是大专院校财会审计专业在校本科生和硕士研究生，还是从事管理会计工作的实务工作者们，兴趣并不是很大。原因在于，全球经济的不确定性与不稳定性增强了整个社会的焦虑心态。基于这种现状，各级财政管理部门应当加强管理会计指引系列的宣传推广和专业化培训，增强其在实践中对于管理会计工具创新的重要性与紧迫性的认知与理解。

造成管理会计工具"落地"困难的主要原因有两个。一是对管理会计具过于教条化，似乎只有完整地应用某种工具流程或模式才算是应用了管理会计工具，这样就缩小了企业实际应用的统计数据。二是管理会计工具对实践的相关性在减弱，这里面既有工具本身的问题，也有环境复杂性引起的问题。比如，面对外部环境不确定性的增强，管理会计人员仍然强调用内部控制、成本管理、预算管理等管理会计工具，而企业管理当局的关注点已经转移到企业生存与发展这一主题上。再如，货币贬值、原材料上涨等时常发生，成本控制计划的推行已经缺乏针对性与有效性，等等。

这些问题要求我们必须强化管理会计应用场景的动态性变迁管理，加快整合与开发符合应用场景的新的管理会计工具，如应用"战略规划""面向未来""多维度盈利分析"等管理会计工具，同时加快与大数据、人工智能等数字技术方法的衔接等。对此，必须纠正管理会计工具应用在企业会计中的"错位"现象，增强管理会计工具创新驱动的"自信"及其决策价值，借助人工智能等数字化技术提高管理会计的功能和作用，围绕管理会计的信息支持系统（比如，丰富"互联网＋"的管理会计价值内涵、增强网络安全管理会计技术的开发与应用、将区块链技术融入管理会计的理论与方法之中、扩展管理会计信息及其报告的内容等）实施管理会计工具的场景管理，发挥管理会计控制系统职能的积极作用。比如，加快管理会计能力框架建设，提高会计人员素质；扩展管理会计控制边界，寻求新的"平衡点"；注重管理会计工具选择的"情景嵌入"，等等。

管理会计工具场景的变迁管理是与经济社会的发展相适应的。20世纪末，随着经济全球化的不断深入，围绕价值链、产业链的场景应用，管理会计价值创造所需确认、计量与报告手段日益受到重视，一系列相关的管理会计工具得到了广泛开发与应用，如平衡计分卡、经济增加值等，进而大大丰富了公司战略与价值管理的理论内涵。随着经济学方法在管理会计中的渗透，管理会计工具从单纯服务于价值增值向企业组织对外部环境的适应性方向转变，产业集群成本管理、跨国经贸活动中的转移定价管理等使传统的管理会计工具扩展了内涵与外延，使战略管理与管理会计达到了高度融合。财政部发布的《会计改革与发展"十四五"规划纲要》也明确提出了"会计职能对内对外拓展"的要求，管理会计工具必须在落实组织战略、增加组织和社会等经济可视性方面发挥主动性与积极性。

实践中，企业出于各种不同的管理目的，相同的管理会计工具应用往往会得出不同的效率与效益。以平衡计分卡为例，不同组织对财务与非财务指标的使用，特别是对客户层面、内部运行层面和学习成长层面的指标使用，会有比较大的差异。这些差异的程度与组织的战略、规模、行业等特征因素相关。平衡计分卡在实践中的普及，当它由单纯的工具发展为战略管理工具，并且与其他管理工具相结合（对其他工具实施整合）时，企业的业绩管理可能表现得更加有效，进而对实现组织的战略目标有更大的贡献。如何既有利于管理会计工具与方法的体系构建，又能够促进管理会计工具在实践中的推广应用，一个比较好的方式就是实施场景管理。

随着竞争的加剧，产品价值实现比产品价值形成更为重要，销售成为企业经营活动中的关键环节，研发、营销前所未有地受到重视，大量的研发费用使产品的成本结构发生改变。大量的营销开支导致流通性成本可能超过生产性成本而占据主要地位，研发等间接费用已经成为产品的主要成本。同时，由于文化的发展、经济水平和开放程度的提高，消费者已经从对生活"数量"的需求转向对生活"质量"的追求，消费者的偏好出现了明显的分化，需求多样性成为当今市场需求的一大特征。加之数字经济时代的到来，智能资本、数字资产等将成为企业的核心能力。管理会计的信息与报告工具需要动态管理，应根据不同的环境采取不同的信息收集和分析方式，管理当局提供有关数字化信息的类型，并结合数字化信息的重要性等进行分层报告。实施应用场景的动态化变迁管理是管理会计工具有所作为并使企业立于不败之地的重要手段。

从管理会计工具应用场景的数字化转型管理来看，财政部发布的《会计改革与发展"十四五"规划纲要》提出，必须切实加快会计审计数字化转型步伐，为会计事业发展提供新引擎、构筑新优势。相较于数字化发展要求，会计审计工作信息化仍需提高。会计审计数字化转型，包括会计工作数字化转型、审计工作数字化转型、会计管理工作数字化转型三个方面。在会计工作数字化转型的背景下，管理会计工具应当率先参与到企业数字化转型的实施进程中。结合平台经济发展的特征开发与应用管理会计工具，数字化的管理会计工具应具有满足顾客需求、增加顾客体验的特征，要适应数字经济时代平台交互化、管理去中心化等环境特征，将数字技术应用与追求环境友好的可持续发展要求融入管理会计工具的创新驱动之中，围绕平台经济应用场景实现与各方的合作共赢。过去，传统的平台经济组织产生的效益或效果往往难以做出客观、透明的分配或比较，通过管理会计工具应用场景的变迁管理，结合价值驱动因素的鉴别，能够将不同主体所产生的贡献以直接或间接的形式加以体现。这不仅有助于提高管理会计的信息质量，也为平台经济健康发展提供了一个信息化支持的场景需求。借助管理会计工具的应用场景平台，主动与原生型数字化平台企业合作，构建协同发展的数字化转型机制。通过管理会计工具与平台管理工具的对接，使管理会计工具应用的场景设计形成一个通用、客观、公开、透明的价值创造与价值分享的共生系统。

伴随着 5G、物联网、人工智能、大数据、区块链等数字化技术的不断成熟和高度融合，数字经济已经成为各国经济发展的重要战略基点。从宏观层面来分析，未来服务创造的价值将超过商品，"情景满意"将从商业生态向商品体验转型。商品体验将有稳定和快速的增长，商品提供者与消费者之间的互动效率将有很大的提高。从目前"双循环"发展的形势来看，内需增长将会成为经济发展的主要方向。进入"双循环"的发展新格局后，基于数字化转型的"消费增长率""经济增加值""客户盈利能力分析"等管理会计工具会受到追捧，并且在数字技术协同下，可能会得到更大范围的应用，同时将为企业价值创造与价值增值做出新的贡献。

对此，管理会计工具在应用场景的设计与选择中要主动与数字技术相结合，通过不断完善财务软件系统等技术手段来提高管理会计工具的应用效率与效益。当前的重点在于：一是健全信息共享的沟通平台；二是完善信息沟通的绩效评价机制。信息共享存在预算松弛、恶性增资、操纵信息、推迟保养或维修、提前或延迟发货、超订单发货等弊端，借助大数据与云计算协助下的人工智能，可以比较好地解决这种信息不对称产生的弊端。管理会计工具的应用场景除了要重视数字技术中的"大智物移云"之外，对"区块链技术"也应给予足够的重视，要引导管理会计工具创新朝这个方向努力，大力倡导诚信、责任、合作、共享等文化价值理念，通过释放积极的企业目标来提升管理会计工具的经济社会效益。

第三章

新时代背景下的管理会计工具创新

新时代是基于数字经济的创新时代，也是经济增长强调包容性的时代，更是社会经济政策与制度面临调整的时代。进入新时代以来，我国在全面实现小康社会之后，成为世界第二大经济体，取得了世界瞩目的成就，开始走向中华民族伟大复兴的社会主义发展新时期。当前的时代是一个风云变幻的时代，面对实现中华民族伟大复兴的战略全局和世界百年未有之大变局，为适应国际经济的新形势，积极应对外部环境的挑战，必须努力构建以"双循环"为特征的新发展格局。这些新时代的特征必然会对管理会计理论与方法体系产生影响，需要管理会计有新的发展环境或新的建设坐标。管理会计除了树立发展新理念与强化结构性调整外，必须增强管理会计工具的执行能力。管理会计工具的创新驱动力及其行为优化能力是提高企业管理业绩，帮助管理当局明智决策，以及实现企业可持续发展的客观追求或内生诉求。

第一节　新时代特征下的管理会计工具

中国经济进入新时代，企业管理会计必须立足于新发展阶段，贯彻新发展理念，面向新发展格局，通过管理会计工具创新来推动中国经济实现高质量发展。

一、经济发展对管理会计工具的要求

管理会计工具是企业管理的重要组成部分，是认识经济活动现象与规律的重要

手段。管理会计工具创新对于提高企业管理效率与经济效益具有重要的理论价值和积极的现实意义。

（一）适应新时代特征下的管理会计工具创新

现有的管理会计工具大都是传统经济时代的产物，面对新时代数字经济的冲击，管理会计工具如何实施创新驱动，从哪些工具入手加以数字化改革等，成为重要课题。比如，随着新时代技术创新面向科技创新的客观追求，基础理论研究对于经济发展的重要性更加突显。2014年财政部提出的管理会计是会计工作的升级版，现在或未来如何加以引导，管理会计的管理控制系统与信息支持系统如何服务于新时代的发展要求等，均需要从管理会计工具创新入手加以体现。

从实务界的角度来思考，企业实践中的管理会计的主要代表是工具与方法，如何通过管理会计工具与方法体现出其理论内涵，怎样实现管理会计的创新发展等，显得至关重要。针对中国经济发展的现状，如何定位管理会计的学科目标，实务界的实施动力在哪里，通过什么方式引导管理会计应用指引有效"落地"等，成为新时代管理会计供给侧结构性改革的重要内容。截至2020年底，我国已经颁布了一系列管理会计应用指引。从管理会计的价值导向、经营模式、发展业态等方面为管理会计工具发展提供了路径选择。

然而，客观现实情况是，仅仅依靠供给侧结构性改革对管理会计工具的发展加以引导，其效果是有限的。管理会计是环境的会计，管理会计工具应用是一种市场化行为，当某种工具应用能够为企业创造价值并实现价值增值时，企业自然会愿意采用这种工具。我国的现状表明，中国管理会计工具的供给侧已经提供了大量管理会计工具，企业的需求侧方面似乎没有积极响应。问题究竟出在哪里？新时代的管理会计工具如何实现供给侧与需求侧的有机匹配，牵涉到方方面面的工作内容。尽管财政部及地方政府的决心很大，并在人才培养等方面投入了极大的热情。然而，无论是制度制定者还是制度实施者，似乎都仍未感受到明显的管理会计发展迹象。客观压力是，2014年财政部颁布的《关于全面推进管理会计体系建设的指导意见》曾提出，最晚我国于2024年跻身全球管理会计理论与方法创新的前列。为了兑现这一庄严的承诺，必须加快管理会计工具的创新研究。

（二）环境变迁对管理会计工具创新的影响

新时代的经济环境表明，我国经济已经开始从高速增长转向高质量发展，更加注重环境保护和资源集约，注重生产效率，改变以往通过大量投入资源只注重发展速度的粗放式发展，进入了集约型发展的时期。对经济发展的衡量，不再采用以往单一的非均衡增长标准，而是采用复合多元化的均衡新标准，既包含增长，也包含结构变化。同时，更需要加入制度变迁和公平正义等内容。"把生态环境优势转化为生态农业、生态工业、生态旅游等生态经济的优势，那么绿水青山也就变成了金山银山"。环境变迁体现的新发展理念，融入了高质量发展的具体参数、方向和标准等内涵特征，并且对传统的管理会计工具与方法产生深刻影响，即如何构建具有包容性的工具与方法才能更充分地体现新时代特征下的企业管理需要等。应用环境变迁下的管理会计工具创新正在为广大理论与实务工作者所重视，并带给我们以新的启示。

改革开放以来，我国经济政策与制度中形成的"效率优先、兼顾公平"等理念，需要适时地进行调整。比如，在仍然鼓励一部分人先富起来的同时，更多地转向共享发展的公平发展观念，以便让绝大多数人都可以分享发展的利益，缓解收入分配上的差距。这对管理会计中的社会成本、责任成本等管理工具有重要影响。在经济发展结构上，过去的投资理念也需要做出调整，比如转变为以创新驱动的新发展理念等。对于管理会计工具来说，以往强调单一企业工具的创新驱动，其开发与应用的管理会计工具，面临数字化条件下组织间协调平衡的技术难题，未来要适应数字化改革提出的均衡协调的新发展理念，确保整个社会经济的共生共存、共享共建，促进人类社会与自然界和谐发展，转变管理会计工具的创新观念，为顺利构建中国的现代化经济体系做出贡献。

二、新时代管理会计工具的制度理性

随着数字技术的不断进步，管理会计工具面对企业价值实现中收入的多次确认与计量问题，如何从制度层面加以设计与规范，或者怎样合理地揭示这类价值实现的会计信息质量特征等，值得从制度理论的角度加以思考与挖掘。

（一）制度理性视角下的管理会计工具创新

数字经济正在以新理念、新业态、新模式等创新方式全面融入企业经营活动的全过程，管理会计工具面临企业全方位发展的功能拓展需求。从制度理性层面来考察，我国政府顺应信息化、数字化、网络化、智能化的发展趋势，结合国内与国际经济新形势，提出了"双循环"经济发展新战略，立足点是及时抓住国内外的新机遇，主动应对挑战，通过制度建设引导企业面向国内大市场，并加强全球合作。通过数字技术的普及与应用，加快实现具有中国特色的自主性全球可持续发展之路。也即将经济全球化的主战场放在国内，利用本国巨大的市场规模带动经济的全球化发展，做一个负责任的大国，积极利用国内市场发展推动国际市场的发展，构建两个循环良性互动、和谐互通的国际市场体系。

从制度理性的角度来看管理会计，管理会计工具的开发与应用已经进入了权变性的发展阶段，结合"双循环"的新理念，可以发现管理会计工具创新驱动的内在成因，即各种主客观条件都迫使企业转换发展路径，扬弃客场全球化的战略取向。换言之，随着我国人均收入的持续提高，国内的市场已经具备相当的规模。与收入水平提高相伴随的要素成本必然水涨船高，传统意义上的要素禀赋优势已经无以为继，尤其是低廉的劳动力无法维系。与此同时，欧美的市场规模也难以容纳中国超级化的生产能力，以中美贸易摩擦为代表的各种纠纷使出口导向的战略无法延续。"长三角""珠三角"奉行的以模仿为主的国际代工模式已经失去发展动力，以"双循环"为基础的产业链、供应链体系的构建迫在眉睫，必须依靠国内自身的市场规模来培育企业自主的科技创新力。这种制度理性对管理会计工具的开发与应用提出了新的要求，现行的工具与方法体系面临重大调整或重构。

制度理性与工具理性往往是统一的，一项制度的颁布往往需要工具理论加以评价与衡量。在制度理性的范围内，工具理性是必然的。但是，制度本身是动态变化的。比如，新时代的制度理性最本质的特征是实现高水平的自立自强，既不封闭独立发展，也不依附于别人。针对当前我国一些产业发展中存在的关键产品、设备、环节等"卡脖子"的现象，制度理性要求企业或行业自主创新，全面推进科技创新的部署，集合优势资源，采取创新攻关的"揭榜挂帅"体制机制，增强创新链和产业链对接机制的有效运行，并在"双循环"新发展格局下寻求产业领域新的支撑点。从企业的角度来讲，制度理性对于规范社会经济行为是必要的，但前瞻性地选择工具理性的行为安排显然还是一个创新区域。从这个意义上讲，管理会计的工具理性应探索性地开发与应用相关的前瞻性管理会计工具，加强制度理性与工具理性的协调与配合。

（二）制度优化是管理会计价值理性的体现

制度优化是对制度理性的修正，是制度理性在特定时期的体现。通过管理会计工具创新实现企业数字化产品的推陈出新，是夯实企业财务基础的重要手段。或者说，通过数字技术赋能企业，探索制度优化在企业管理会计工具理性与价值理性中的应用场景，是推动企业技术进步与管理升级的保证。从"双循环"的制度设计来看，强调中国作为全球经济发展的主战场，这仅是一种战略构想，具体的规范仍需要各个方面贡献智慧。客观地讲，基于内需的经济全球化，需要利用内需连接国内市场和国际市场，或者说是基于内需的对外开放。在这种新发展格局下，内需将成为新一轮经济全球化的战略工具、重要资源或运作手段。所谓的"主场全球化"，就是将中国的大市场作为全球市场，既成为世界供给中心又成为世界需求或市场中心，表现为"拉动""连接""集聚"。利用内需促进国内市场的进一步开放，拉动中国经济增长并为全球经济复苏和增长做出贡献。同时，利用内需连接国内外市场，以国内市场循环带动企业参与国际市场循环。并且，利用内需集聚资源，一是吸收国外先进技术、人才为中国创新经济服务；二是鼓励中国市场"走出去"。管理会计的价值理性就是要顺应这种制度环境的变迁特征，主动把握机遇，积极推进管理会计工具的创新与发展。

从当前的制度特征来看，制度优化需要纠正资源错配的内在成因，通过提高民众收入、释放内需潜力和加快培育完整的内需体系来实现制度的理性。管理会计工具的开发与应用要与居民收入分配、提升消费层次等需求相联结。以扩大内需为基本特征的主场经济全球化战略，对于纠正世界经济结构失衡状态，促进全球经济增长和协调发展，具有重要的现实价值，体现出中国管理会计工具的创新力量。换言之，增加国内消费需求、提高国民对发展的获得感和幸福感，也是管理会计功能体系拓展的基本要求。实行高水平对外开放，必须具备强大的国内经济循环体系和稳固的基本盘，是我国制度优势下开放政策实施的力量源泉。管理会计的价值理性需要培育出更多具有自主知识产权的创新型企业，并能够提升企业在参与新一轮经济全球化中的竞争优势，从而进入管理会计工具创新驱动的自主开发与应用轨道。中国主场全球化要培养世界级的市场驱动型"链主"，获取产业链话语权。同时，在超大规模市场的基础上，培养掌握、拥有高端技术的创新型企业，继续加强技术标准和产业的全球合作，做好以"5G""云计算"为代表的新的基础设施建设，运用好算力、算法与数据的新经济要素，为企业数字化转型做出更大贡献。

第二节　新时代管理会计工具的创新与发展

在数字化改革背景下，创新势能不断释放。基于数字技术的管理会计工具创新改变了传统会计收入、成本与资产的管理方式，使会计确认、计量与报告更加模式化与智能化。

一、数字化改革背景下价值管理工具的转变

在数字化改革背景下，管理会计工具由传统的核算与控制转向智能算法与智能应用。同时，借助数字的加速聚合与提炼，以及信息的综合与判断，促进价值管理工具的延展应用与创新普及。

（一）数字化改革背景下"算法"价值的实现

数字化改革具有巨大的发展潜力，并对制造业模式进行全方位的革命。在未来很长一段时间内，数字技术将成为企业转型升级的核心。《中国互联网发展报告2021》显示，我国2020年数字经济规模达到39.2万亿元，占GDP的比重达38.6％，保持9.7％的高位增长速度，成为稳定经济增长的关键动力。目前，企业经营模式和业态的数字化嫁接，正处在一个发展的上升通道之中，实现数字经济时代数字技术生产与价值管理的双向嵌入，将成为会计工具创新的必然选择。必须以正确的价值观引导算法推荐，为企业实现数字化价值提供助力。

从当前数字化改革的实践来看，企业向第三方出售数据是一种普遍做法，但应用算法推荐实现价值增值，一直以来是数字治理中的一个难题。规避风险的主要对策是完善政府层面的法规体系，避免企业出现违规现象。从企业的角度来讲，还需要强化自主治理，构建积极向上的企业文化，比如，至少应该适度地向消费者和员工披露其实施算法的意图。算法的价值实现依赖于大量组织偏好和过去行为的详细数据，通过某种合法的方式引导组织进行利益最大化的选择。对此，必须在保持这些数据透明的前提下设计数据标准，应该选择有益于各方的算法推荐。围绕"收入"确认与计量等的管理会计工具的深度开发十分迫切。或者，将算法推荐等收益管理工具独立出来，融入管理会计的工具系统之中，在不违背法律法规的前提下，更大限度地实现企业的价值创造和价值增值。利用数字技术的新进展，针对特定的收入确认与计量等进行思考并做出有效的决策，这对于算法价值的实现具有重要意义。在数字市场体量巨大的美国、欧盟和中国等经济体中，针对互联网平台无序扩张和"赢者通吃"的行为，监管者出台了一系列反垄断和反不正当竞争的法律法规以及政策举措，强调公平竞争，保护数据安全和个人隐私信息，维护消费者权益和社会公共利益。

对于企业来说，各种数字技术综合利用的目的是确保复杂的计算结果能够得到利益相关者的理解，而不是作为谋取不当利益的手段，否则，必然会受到相应的惩罚。例如，2021年10月，市场监管总局宣布美团因"二选一"垄断行为被罚34.42亿元。2021年4月，市场监管总局依据《反垄断法》对美团在中国境内网络餐饮外卖平台服务市场滥用市场支配地位行为立案调查。经调查，2018年以来，美团滥用在中国境内网络餐饮外卖平台服务市场的支配地位，以实施差别费率、拖延商家上线等方式，促使平台内商家与其签订独家合作协议。并通过收取独家合作保证金和利用数据、算法等技术手段，采取多种惩罚性措施，保障"二选一"行为的实施，排除、限制了相关市场竞争，妨碍了市场资源要素自由流动，削弱了平台创新动力和发展活力，损害了平台内商家和消费者的合法权益，构成《反垄断法》第十七条第一款第四项禁止"没有正当理由，限定交易相对人只能与其进行交易"的滥用市场支配地位行为。在数字化改革背景下，算法推荐未来还要继续发展。

当前，越来越多的企业开始投资可解释的人工智能的解决方案，或者应用这种算法的企业需要谨慎地管理这种技巧，通过构建双赢的解决方案，在数据收集、存储和处理过程中体现透明度和价值实现的合法性。当数字技术飞速跃进，使现有企业的技术和优势不再发挥作用时，行业的进入壁垒反而会降低。有些企业不愿实施数字化改革，试图保留自身在传统产品上的优势或高利润的产品或服务，这无疑为新进入者敞开机会之门。客观地说，有关算法推荐的法律法规正在不断完善之中，从国际情况来看，2020年7月，英国优步司机对优步公司提起公诉，声称该公司未能按照欧盟《通用数据保护条例》的规定改造其法律业务，指出其算法缺少应有的社会透明度和公众知情权。同样，在美国，联邦贸易委员会多次对算法推荐研究提供资助，并发布相关的消费者指南，旨在提升消费者隐私和算法责任。

总之，数字化改革有助于提高算法价值的透明度，为组织或个人在是否退出算法推荐等问题上提供更多的选择，并拥有相应的知情权，尤其是有关个人的决策时，必须避免种族或性别等的歧视或偏见。

（二）数字化改革背景下智能化价值的实现

人工智能给企业产品生产带来深刻影响，智能互联产品不断发展，并逐渐融入更为广阔的产品系统之中，这股浪潮正激烈地重塑今天的企业和竞争格局。数字化改革使行业边界极大地拓展，尤其是智能互联产品数量不断增多，产品的结构性动因发生了改变。前期的软件开发、更加复杂的产品设计以及搭建技术架构等的高昂费用，使产品的固定成本大幅提升。或者说，由于新型供应商与终端用户的紧密关系以及掌握的产品使用数据，智能互联产品成本中的固定成本比重提高，而可变成本的比重降低，这使得单纯价格竞争的空间缩小。

在边界快速扩张的行业，行业整合的压力会更大。单一企业很难与多平台组织抗衡。同时，智能互联产品的功能得到极大扩展，反过来会影响智能化价值实现的效果。比如，一些企业之间展开"谁的功能更丰富"式的比拼等，这会推高产品的成本，蚕食行业的整体盈利能力。对此，需要结合管理会计工具创新加以引导。随着智能互联产品成为更广泛产品系统的一部分，竞争范围将进一步升级。对于行业进入壁垒的向上修正，早期积累数据的企业具有先发优势。智能互联产品不但能重塑一个行业内部的竞争生态，而且能扩展行业本身的范围。因此，行业的竞争基础将从单一产品的功能转向产品系统的性能，而企业仅仅是平台经济组织中的一个参与者。

换言之，企业可以通过智能互联将价值主张拓展到产品之外，比如，提供有价值的数据和增强服务等。智能化价值的实现使得收入确认等管理会计工具发生了巨大的变化，比如，企业如何创造和捕捉价值，对大量与产品密切相关的数据如何进行有效的利用和管理，如何通过数据对客户进行更加精细化的管理，如何通过数据挖掘发现业务合作伙伴，如何改进与客户或业务合作伙伴的关系，等等。

二、企业数字化转型下的成本管理工具创新

企业中的产品生命周期、研发、生产、销售及售后，每一步都可以做数字化转型工作，并且都在决定着产业价值的空间。

（一）企业数字化转型下的成本概念范式转变

数字化改革背景下，成本概念范式创新的本质应该是促进竞争，提高成本管理工具开发与应用的效率与效益，为企业数字化转型提供所需的成本核算与控制等方面的支撑。然而，现实中一些数字化原生型企业（如大型网络企业等）借助国家经济发展的数字化改革需要，以成本概念范式创新作为变量。比如，利用诸如"转换成本"概念范式下的工具开发与应用，达到排除竞争对手的目的等。通过数字化转型过程中的转换成本工具，利用自身资金、规模等优势，为以后争夺市场积蓄有利的竞争优势或地位。通过事前规划转换成本的创新投入，"收割"事后锁定的用户。转换成本使企业有了显著的事后市场势力，在企业间产品不兼容的条件下更容易锁定用户，从而获得局部垄断地位，抬高价格。波特在20世纪80年代最早提出转换成本这一概念。它是消费者承担的一种成本，即从一个产品或服务的提供者转向另一个产品或服务的提供者时所产生的一次性成本。或者是针对消费者行为开发的一种成本管理工具，比如，银行通过顾客办卡来巩固消费群体等。从扩张过程来看，企业事前往往以亏损方式吸引消费者转向自己平台的产品，争夺市场份额，并在形成稳定用户规模后，事后抬高价格，"收割"锁定的用户，通过用户规模逐步转向盈利。一旦双方进行了交易（比如办了卡、收了年费等），维持交易关系能够产生其他交易所得不到的额外剩余。此外，有学者将心理因素、资产专用性、后续商品等概念融入转换成本范畴，使转换成本的外延不断扩大。主要有二结构说，即转换成本包括固有转换成本和策略性转换成本。固有转换成本是由于产品或市场自身的特点而产生的成本。策略性转换成本则是指企业人为创造的或者人为偏离其固有水平的转换成本。此外，还有三结构说，即转换成本包括交易成本、学习成本、人工或合同成本。还有六结构说等，比如，将转换成本划分为兼容成本、交易成本、学习成本、不确定性成

本、合同转换成本和心理成本等。这些不同种类的划分表明，转换成本在不同的视角下具有不同的意义。

对于企业数字化转型来说，转换成本是在数字化改革中可以控制的一个变量。企业在数字技术选择与应用时会降低数字化改革的转换成本，以智能化产品等新品种业态吸引更多的顾客，从而提高市场份额；在事后会提高已有用户转向平台其他竞争对手产品的成本，从而赚取更多消费者剩余。对于实施数字化改革的政府部门来说，转换成本可以作为数字化原生企业试图垄断或进行排他性行为的证据，并且可以将其量化。近年来，一些平台企业的诸如"二选一""大数据杀熟""自我优待""扼杀式并购"等不良行为，已引起社会的广泛关注。

企业数字化转型促进了成本内涵与外延的扩展，使传统的成本管理工具无论是在成本信息支持还是管理控制方面均表现出力不从心的特征，发挥的作用有限。其主要原因是，企业对数字化环境以及平台组织竞争关系的认识参差不齐，成本信息使用的频率远远没有达到常规性，甚至不少企业连经常性都未达到。实践中，企业利用成本管理工具较多的领域为定价决策、预算编制和业绩评价，成本信息的决策相关性还有待提高。换言之，数字化改革使实践中产生的成本问题越来越明显地表现出瓶颈效应。比如，数字技术与生产制造结合的智能化产品已大量涌现，但成本管理仍处在依靠传统要素进行生产控制的管理阶段。如何实现数字技术下产品生产与成本管理的良性互动，使数字技术有机地在产品生产与成本管理中实现双向嵌入，具有重要的理论价值和现实意义。

要努力形成与企业数字化转型相适应的新概念、新范畴和新主张。围绕数字技术在企业中的应用，借助"大智物移云"和"区块链"等数字化技术辅助手段，在企业产品生产环节实现自主化（智能工厂）的同时，嵌入转换成本等的概念或理念，进一步实现企业生产流程、内部管理与外部组织的平衡。并且，人工智能的深度学习与算法推荐，实现产品生产成本智能化，使人工智能下的产品生产在不同层次、不同管理场景下自动与成本管理相融合，促进企业产品研发、生产与销售的智能化，以及实现人、财、物管理精益化的相得益彰。

（二）成本管理视角的工具创新

随着个体企业向社会企业的转变，责任成本的概念范式发生改变。在追求企业价值最大化的过程中，谋求社会绩效、经济绩效与环境绩效的统一，构建"未来经济、未来社会、未来组织与未来的人"的企业组合体，成为企业数字化转型的方向。成本管理的经验及判断上升为工具往往涉及文化价值观等难以定量化的内容，然而，数字化价值与成本耗费比的相关性越强，用于成本决策的数字资产一般会提供更高的产出比，决策中对数据的价值利用比也就更加直接、明显。成本管理工具的创新必须适应"未来经济"的新特征，即围绕新时代的发展提升"未来竞争力"。或者说，积极思考经济的未来、组织的未来、人的未来，通过管理会计及其工具的变迁管理，实现人的价值观念转变。

企业数字化转型下的成本管理工具创新必须重构管理会计框架结构，从企业的应用环境来看，政府、组织和投资者的外部利益相关者往往从"社会绩效、经济绩效与环境绩效"结合的视角考虑企业的发展。对此，企业数字化转型下的管理会计工具需要更具柔性化特征。比如，最大限度地发挥管理会计人员的独立思考能力、创造能力与行动能力，并通过与外部网络组织的协同来实现资源的共享、共生与共建。通过更深入和持久的合作与互信，创造成本管理工具的效率与效益。这种成本概念范式下的企业组织边界变得越来越模糊，组织间的互动使企业经营模式更具弹性。

在推进企业数字化转型的实践中，通过管理会计工具创新，帮助企业信息支持系统实现数据的标准化以及流程的自动化，通过大幅减少人工错误和相关成本，实现业务活动的数字化转型。从管理控制系统功能的角度观察，企业数字化转型将增加人工智能的决策价值，减少行业或企业数字化水平高低对管理会计工具应用的影响。企业智能化管理可以参与日常经营活动，用数据支撑运营，智能化改造后的管理会计工具可以协助管理会计实践开展企业中金额高且常规的决策判断，并在业务决策方向上提供清晰的参考依据。或者说，能够对产业结构、细分市场、产品定位、顾客的价值主张、竞争力、成长潜力和驱动因素、价值链资源需求、成本和投资结构进行更系统的分析，使企业的社会成本和责任成本更全面地融入新时代的成本概念范式之中，在社会、环境与利益相关者的共生环境下，打造企业差异化的核心竞争力。企业数字化转型下的成本算法推荐影响管理会计工具的创新。客观地说，企业所有的决策都离不开两种成本：一是投入成本；二是机会成本。投入成本涉及时间、各种耗费等资源，机会成本涉及错过的机会损失。人工智能的成本算法推荐，通过对全域数据进行分析，可以帮助有一定数字化基础的企业定位到经营中能够创造最大化价值的环节，实现明显的降本增利功效。即便是处于数字化初级水平的中小企业，也可以利用这种算法推荐开展预测。比如，对采购或占资金流大部分的库存等重要业务进行优化，快速降低费用以实现效益。面对机会成本，不同企业即便使用同一个分析模型，成本管理会计工具与算法软件的结合，也可以帮助企业在利用数据的同时，主动参考行业或外部市场的整体数据收集与分析，从而开展全局性的计量优化。

成本管理工具模型可以通过控制全域数据变量，并通过算法做出沙盘推演，监督未来，从而快物理世界一步做出全局优化的预测建议。同时，工具模型可以节约决策的时间成本，降低人工管理错误、提高决策效率。对于变量选择与条件的适合性，软件系统可以从成因、影响因子等方面给出症状诊断，借助数据治理与数据分析改变传统的成本计量模式，通过成本的算法推荐（如沙盘推演等）获得优化方案，为企业需求端的快速决策提供备选方案，保证匹配出最优化的产品结构。数字化改革背景下的成本管理工具还可以与清单管理工具等进行组合，比如，借助清单管理工具列出数字技术应用清单，在成本管理过程中设计各种备选方案，通过目标比较量化匹配度，或者测试成本效益的比值等，成本管理工具创新更具价值理性。总之，成本管理视角的工具创新，促进了企业组织之间对工业互联网的协同与合作，数字化价值将得到进一步提升。企业内部不断推动的数据流动，以及智能化的决策支持系统等，则有助于更好地运用数据为管理者服务。可以预见的是，传统企业的边界将被不断拓展，企业会逐步转化为以数据为核心的企业，管理者面对的经营问题将通过数据呈现，也必然通过数据得以更好地解决。

三、新时代资产管理模式的工具变迁

以数字资产为代表的知识资产的价值将会成为企业价值结构中的重要组成部分，并使资产要素的内涵与外延发生变化，资产不再局限于人们传统认知之下的资源。

（一）构建新时代的数字资产管理模式

从宏观层面来看，数字 GDP 开始用来计量新时代国家或地区的数据财富，即衡量数字资产的规模总量。从微观层面来考察，企业的用户数量、用户黏性、信息资源、交易平台、商业模式、行业地位等要素有可能转化为资产要素的构成要件。或者说，有必要将用户、平台等事项确认为数字资产。现实中平台等的数字资产价值取决于平台用户量及其使用频率。目前，这些平台资产仍然按旧经济时代的思维进行会计处理，折旧和摊销不是采用年限法，就是采用工作量法。这种会计处理方式与数字平台的网络效应背道而驰，是新经济遇到的新问题之一。目前国外已经开始统计数字 GDP，即宏观层面已经开始计量数字资产。新时代资产管理模式作为管理会计的一种创新管理工具，需要在微观企业层面的数字资产。

与国家宏观层面的数字 GDP 之间搭好平台。比如，新时代的数字资产管理模式可以引导产业集群区域构建"链群"与"生态"组合方式，即通过"链群合约"使集群组织不再是他组织，而是一种自组织、自驱动，并进一步向"自增值-自进化"的数字资产管理模式演进。同时，可以灵活地将数字资产嵌入现有的管理会计工具之中。比如，结合 Simons 提出的四个控制杠杆将数字资产纳入财政部已经或需要新颁

布的管理会计工具之中，优先将数字资产管理等融入 BSC（平衡计分卡）或 OKR（目标与关键成果法）等工具中。同时，根据 Simons 的控制杠杆理论，在数字化改革背景下，基于企业材料价格的上涨原因可以按"用量差异"或"价格差异"等开展诊断性分析，或者采用数据总结、用户图表等实施理念层面的数据引导，以发现历史数据中的客观规律并实施边界控制，进而提高交互式控制的深度和广度。此外，调动企业开发数字资产管理工具的积极性，并形成有资产价值的数字化。从扩大企业的控制边界入手，由信念导向的描述性控制向诊断性控制转变，提高交互式控制下数字资产的可预测性和可操作性。

面对数字化改革背景下的管理会计工具创新，必须加强前瞻性的数字 GDP 管理工具的开发与应用，要结合国际会计准则理事会（IASB）对表外信息决策有用性的新规范，理解数字资产与财务报表之间的内在关系，构建符合新时代特征的数字资产管理新模式。这是因为，随着数字化技术的推进，数据获取能力将对信息的数量与决策效率产生影响。其中，部分组织（企业）会利用自由裁量权等信息优势谋取不当利益，或者诱导组织虚构数字化价值的来源，会计造假或舞弊现象增多。为此，IASB 已采取了一系列的改革措施，于 2018 年 3 月修订并颁布了"概念框架"，将包括资产要素在内的会计要素按"扩大相关性，维护可靠性"的理念进行了重新定义，其思路是，"由于企业或组织受到外部环境不确定性影响大，每家公司的个性特征都不一样，要在可靠性上对信息进行规范难度太大，且不准确。据此，通过提高信息数量即相关性，来让企业或组织自选判断"。IASB 这一制度变迁也受到一些国家机构及学者的诟病，认为其奉行的"扩大相关性，维护可靠性"是不负责任的做法，理由主要是其会引起会计信息可靠性的下降，影响企业决策的科学性。针对这一现状，积极构建新时代的数字资产管理模式，创新管理会计工具的方法体系，发挥管理会计的功能和作用，是较为可行的解决手段。将数字资产特征嵌入财务会计的资产要素之中，通过管理会计工具技术与方法的创新，促进产业集群或企业主动实施数字化转型，形成科技升级和安全可控的管理工具创新体系。

（二）围绕价值链引导资产管理模式变迁

传统的价值链强调资产形成与交换的重要性，通过生产经营过程的优化来构建资产管理的价值创造与价值增值模式。同时，随着资产规模的逐步形成，资产管理模式开始寻求资产升值的路径，比如，通过购买稀缺资产来获得利润，实现资产价值增值等。然而，当资产数量达到一定程度时，价值链优化将进入兼并重组阶段，并通过资产经营来创造价值并实现价值增值。资产管理模式的本质是获取竞争优势，通过提高企业的经营与管理能力来实现价值创造与价值增值，是价值链优化的终极目标。当前，我国的经济制度体系正在发生变迁，以往实施的"效率优先、兼顾公平"等理念开始转向效率和公平兼顾，并逐渐转向公平优先的发展趋势，政府提出的共同富裕、反垄断等政策是企业价值链优化的方向或目标。效率和公平兼顾并不排斥一部分有能力的人先富起来，只是形成富裕的资产结构发生了改变，重点转向科技创新与科技致富。或者说，不再笼统地强调一部分地区与人员先富起来。这是因为，若一味追求效率优先，则可能引发一系列负面效应，比如，贫富差距过大，底层上升通道收窄等。围绕价值链优化引导资产管理模式变迁就是要认清"生产效率"与"分配效率"的内在联系，通过资产的结构性与执行性动因的分析，引导分配效率提升，结合兼顾公平，防止"马太效应"和两极分化。

新时代的资产管理模式是与数字经济发展模式紧密结合的产物。随着"互联网＋"向"互联网×"的转变，信息越来越对称，中间环节越来越少，机会越来越均等，渠道越来越公开，资源就会越来越透明。随着数字技术在业财融合中的渗透，体现收入与成本配比的资产管理模式将在共享的数字平台上展开。然而，现有的管理会计工具可能无法完成这类经营活动的确认、计量与报告。面对数字化转型，企业应用管理会计工具的自由裁量权在增加，而相应的监管相对滞后。从企业实践来看，数字技术等在催生智能互联产品大量产出的同时，通过企业经营模式和业态的转型升级促进创新驱动。此时，主动将会计的"资产""收入""成本"等要素嵌入数字化改革背景下的资产管理模式之中，将给管理会计工具发展带来新的动力与活力，并从结构上满足使用者对管理会计工具组合的情景需求。从数字化转变为数智化的资产管理模式已成为价值链优化的重要驱动力，以及企业可持续发展的核心竞争力。数字化转型成功的企业很多，以工程机械行业巨头三一集团为例，其"18号厂房"面积约10万平方米，被业界称为"最聪明的厂房"。在这里，一名技术工人凭借一台电脑就可以为每个工位提供物料和零部件提取、配送服务；加入了视觉识别模块的智能焊接机器人可以自动识别物料进行焊接；重型AGV（自动导向车）满载物料在厂房内川流不息；在智能化系统的指挥下，上百台机器人协同作业。产品无人化、智能化、电动化正成为工程机械行业未来的发展趋势。

在数字化改革的背景下，驱动组织价值创造与价值增值的因素很多，除了传统的有形资产，如人工智能设备、产业互联网设备等硬件系统外，与此关联的软件系统、产品创意、品牌影响、创新能力、团队合作、关系资本等无形资产也至关重要。内部价值链的数字化转型为提高企业效率与效益提供物质基础，而外部价值链的转型有时其执行性动因并不明确。即便对外部价值链实施了数字化转型，仍需要对内部价值链中的顾客关系进行仔细分析。比如，在给老顾客带来便利的同时，新增顾客的需求点和关注点在哪里，如何满足这部分消费群体的需求，以及如何在各种业态之间维持平衡等。围绕价值链优化，数字化改革的重点是内外价值链的有机统一。

借助数字化技术，将员工、顾客、供应商以及管理者等不同主体归集在一个价值管理框架之中，实施资产管理模式的创新。

第三节　数字经济时代管理会计工具的运作机制

以制造业企业为例，针对不同的客户，可以有消费品企业和工业品企业两种类型的划分；从服务属性上来区分，有自营性服务企业、协作性服务企业、生产性服务企业等划分。将数字化转型的类别与企业的类别放在一个协同的框架中进行思考，可以增进人们对管理会计工具应用内在机制的认知。

一、企业数字化转型下管理会计工具的创新层级

数字化转型可以分为初学者、新潮者、保守派和数字人四种类别。结合数字化转型的程度与企业类别特征来探讨管理会计的应用机制，可以归结为以下几个方面。

（一）第一层次——传播与普及

对于数字化转型的初学者（企业）而言，结合数字化改革的新情景，积极加以传播与普及是十分重要的。或者说，在传播数字改革理念的同时普及数字化技术的应用，可以使企业会计管理在模式与流程等环节中创新功能，发挥更积极的作用。换言之，加快将数字化技术嵌入企业产品生产的经营模式和流程之中，使企业价值链与产业链之间相互融合，并从产业链向创新链拓展，管理会计工具需要围绕传播与普及机制加快整合与创新的步伐。此外，要结合国家及地方政府的数字化改革政策，结合产业集群发展的需要，强化会计政策配置。比如，从研发入手加强官产学研的配合，强化数据标准、隐私等安全政策的制定，通过财务治理破解企业存在的难题，并主动治理（自我治理），推动公司治理在传播与普及机制下进一步完善。可以采取案例引导的方式，使数字化改革的理念与数字化技术应用的效果传播和普及产业集群区域的各个角落。以企业群落为示范，通过"工具创新—试点应用—经验总结—工具推广"等完整的数字化传播与普及应用，寻求会计政策配置的效率与效益最大化。

（二）第二层次——协同与共生

对于数字化转型的新潮者和保守派之类的企业而言，数字化改革需要加强各方

协同效果的宣传，使新潮者更有激情，让保守派看到数字化发展的前景。数字化技术的普及应用，能够使企业获得市场竞争优势、提升价值创造能力，使协同与共生机制发挥更积极的作用。共生机制是产业集群或区域经济协同的关键因素。目前，我国在人工智能、物联网、云计算、数据中心、智能终端等数字技术方面的协同发展还落后于发达国家，要加强数字化基础设施建设，通过协同机制引导国内外各方（包括企业与数字化设备供应商）的进一步合作。同时，要结合产业链与价值链重构中的企业情景性特征，合理选择产业互联网等数字技术应用的平台，并将共生机制嵌入产业集群区域不同企业的组织之间，借助共生机制强化协同机制。比如，利用电子商务平台宣传产业集群共生效率与效益，主动整合区域资源，促进协同与共生机制成为产业集群发展的内生机制，推动产业集群与其他区域企业共同发展。

（三）第三层级——开放与共享

对于原生型数字化企业（数字-人-企业）而言，其在数字化改革中处于领先地位，在产业互联网等的应用方面发挥着主导优势。要结合国家对数字经济平台与数字经济发展的政策规范，通过开放与共享机制构建，使数字化领先企业成为带动数字技术应用的领头人，使数字化技术的应用更大范围地进入各种会计工具应用的领域。通过会计工具的结构延展与方法整合，构建开放融合及共享创新的数字平台，更多中小企业有机会参与平台经营活动的竞争。在数字技术领头企业的开放与共享机制下，数字技术的成本大大降低，应用面的扩大反过来会使这些大企业的研发能力增强。换言之，在这种开放与共享机制不断拓展的情景性特征下，会计工具的数字化标准构建变得十分迫切，并且要在普及推广与可操作性上符合开放与共享的机制特征。既要符合产业数字化与数字化产业共享的内在要求，又要有助于扩大企业数据开放与应用的范围。通过开放与共享机制，鼓励数字技术高效共享，数字技术与数据、人工智能等紧密衔接，加快数字化情景下会计工具改革的步伐。

（四）第四层级——制度与保障

无论处于数字化改革进程中的哪一类企业，制度与保障都是关键。需要加强对国家宏观政策法规体系的完善，通过产业政策与制度的调整，促进数字化改革相关的法律与法规，包括行政条例及管理规范等相互协调。通过进一步加强制度建设，形成企业数字化改革的客观保障。对于初学者（企业）而言，更要在资金等政策上有所倾斜，尤其是对中小微企业的数字化转型给予资金或政策上的支持。或者说，要在财税、金融等政策上形成企业数字化转型的制度与保障机制。通过企业数字化转型效率与效益的提升，消除行政与区域等方面的数字化推进障碍。要重视数字资产管理的工具开发与应用，重视数字资产中的人力资本价值。从制度与保障机制的角度来考察，数字化改革中制度是基础、人才是保障。要通过大力发展职业教育来培养既熟悉数字化工具应用，又具有管理新理念、新视野与新格局的人才队伍。同时，积极引导组织管理向扁平化、多元化、模块化、数字化方向转型，通过会计工具创新为企业数字化转型提供基础保障。

（五）第五层级——动态与权变

数字化改革是一种导向，企业在数字化转型中需要具备动态与权变的应用机制。对于大型国有企业或中央直管企业而言，截至2020年底，国资委管辖企业已经完成基本的转型升级任务。从动态机制来看，现阶段大型国有企业的重点是数字化改革。换言之，国资委已下发文件，要求大型国有企业加快数字化改革的步伐。国资委的总体思路是：结合国有资本改革的经验，以资本为纽带，推进新业态、新模式、新产品与新服务的转型，逐步形成一批国际领先的数字化应用的领跑型企业。通过制度型的开放政策促进商业模式的数字化转型，加快形成企业数字化转型的生态系统。要构建数字化赋能的动态与权变机制，提升企业数字化转型过程中的会计政策配置效率与效果，促进管理会计工具的数字化渗透，积极利用数字化技术改造传统的会计工具，为企业数字化转型提供高质量管理方面的工具支持。

二、企业数字化转型的管理会计工具的实现机制

管理会计实践要服务于企业数字化转型，离不开管理会计的管理控制系统功能与信息支持系统功能的数字化转型。通过管理会计工具的数字化嫁接，积极融入互联网和大数据等数字技术结构组合下的共享平台，能够提高效率、降低成本，加快推进企业数字化转型。

（一）管理会计工具创新对企业数字化转型的贡献

2021年财政部颁布的《会计改革与发展"十四五"规划纲要》提出：切实加快会计审计数字化转型步伐，为会计事业发展提供新引擎、构筑新优势。在企业数字化转型中，"数据"是核心，"连接"是关键，"协同"是重点。其中的"数据"需要管理会计的信息系统工具的支持，而"连接"与"协同"则离不开管理控制系统工具的配合。正如上述规划纲要提出的"会计职能需要实现拓展升级"，即借助管理会计工具创新将业务与财务融合在数字化价值的统一平台上，形成标准统一、合理规范、数据归口的管理会计数字化转型系统。同时，系统间高效协同，资源与服务高效运

转，在数据信息反复使用、灵活整合的过程中，为企业数字化转型提供财务与业务的"连接"与"协同"，促进智能化产品的快速开发与迭代。以数字化、信息化技术为依托，以推动会计审计工作数字化转型为抓手，健全完善各种会计审计数据标准和安全使用规范。同时，在管理会计的信息支持系统平台上，强化数据质量的控制以及数据安全的保障等诸多方面的功能和作用，形成对内提升单位管理水平和风险管控能力、对外服务财政管理和宏观经济治理的会计职能双向拓展新格局。

在市场经济条件下，管理会计工具创新与企业数字化转型的目的是一致的，都是为了企业的价值创造与价值增值。或者说，数字化转型下的成本管理工具创新仍然是企业关注的核心。对于中国企业来说，即使像芯片这样的产品也并非完全因为技术问题而不能生产，而是生产出来的芯片成本太高，没有商业价值。成本下降速度堪比摩尔定律。比如，有关基因组测序，美国因美纳公司将其单位成本从 2001 年的 1 亿美元降低到 2019 年的 1000 美元。不仅如此，中国华大基因公司又在 2019 年将其单位价格降低到 600 美元。还有特斯拉公司的电动汽车，其通过降低成本来降低价格进而扩张市场的战略，已经让中国的众多汽车制造企业感受到了巨大的压力。

数字经济时代要求企业不应局限于技术本身，而应聚焦于竞争本质的变化。比如，智能互联的工业机器人能够自主实现优化企业生产行为等的协调机制作用，使企业的竞争本质发生改变。数字技术与业财融合的相互对应，便于构建全新的智能经营模式，能够为管理会计工具的开发与应用，确定、分析和评价业务活动的效率与效益，进而为实施场景创造和实现价值的获取能力提供有用信息，为全社会、全人类创造价值。以"大智物移云"和"区块链"为代表的数字技术在管理会计实践中的普及与应用，使管理会计工具能够更全面地融入企业经营活动的全过程、全环节、全要素和全视野，并在管理会计信息支持系统的动态化管制下，实时提供信息，消除企业的"信息孤岛"，弥补传统管理会计控制系统存在的信息滞后性缺陷。数字技术的广泛应用，使管理会计工具向生态化的动态组合方向进行整合，并不断实施创新。然而，管理会计工具在嵌入这些数字技术时需要关注相应的风险，需要结合管理会计的信息支持系统进行风险防范或提出应对策略。

（二）管理会计数字化转型的实现机制

目前，数字化正在成为当代社会的主要发展方向，并对管理会计工具的形成与发展产生重要影响。从表面上看，管理会计数字化就是采用数字技术，使管理会计信息实现全流程、诸环节的数字化。然而，"从信息化到数字化"只是管理会计工具智能化的一个中间环节。管理会计数字化转型的本质是管理会计工具的智能化，即围绕管理会计数据收集和分析的数字智能化，配合企业从"数字化向智能化"方向升级，实现管理会计信息支持系统与管理会计控制系统的全面融合，发挥管理会计工具实现机制的积极作用。因此，重视研究管理会计实践中数字技术的选择与应用，围绕管理会计工具创新驱动管理会计范式的重塑与再造，以促进企业或产业集群区域管理会计工具或方法的开发与应用。这是管理会计服务于企业数字化转型的内在要求，也是管理会计数字化转型实现机制的客观体现。

从供给层面来看，管理会计数字化转型是充分利用数字化技术优化管理会计的功能结构，以"大智物移云"和"区块链"等数字技术为依托，提高管理会计信息支持系统对数据资料采集与加工处理的能力，将数据转型为有用的信息，进而转化为数字资产。并在管理控制系统的配合下，将数字化价值与企业的业务与财务活动相融合，提高企业价值创造的决策效率与价值增值的管理效益。

从需求层面来看，企业数字化转型已经成为一种必然趋势。管理会计数字化转型的本质是拓展管理会计工具的功能边界，开阔工具应用的传统思维，即从流程驱动转向数据驱动、用户驱动、价值驱动，进而提高企业的核心竞争力。企业组织等应用层面要结合自身的情景性特征，推进产业集群或企业运用数字技术的主动性与自觉性，提高企业内部管理的控制水平和风险防范能力。或者说，重新构建管理会计工具的方法体系，思考工具应用的组合结构，使管理会计工具体系的设计、搭建、运行与效果反馈，即PDCA（Plan（计划）、Do（执行）、Check（检查）、Act（处理））等活动过程主动匹配数字技术，尤其是确立数字资产等的管理标准，主动化解企业外部的环境不确定性。从现实条件来看，借助管理会计工具与数字化的深度融合，企业数字转型的趋势更加明显，管理会计功能得到了更新和拓展。比如，通过息支持的工具系统打造端到端的数据管理平台，帮助企业从非结构性数据中提取有价值的结构性信息，及时输出至企业管理层，提高企业决策效率。通过管理控制的工具系统落实数据层面的企业管理要求，主动对接相关专业的系统数据，打通数据流动的渠道，实现数据的自动交换与智能分析，提高企业数字化转型的价值创造能力。

第四节　智能管理会计工具的应用

财政部发布的《管理会计基本指引》中明确提出，管理会计工具方法主要应用于以下领域：战略管理、预算管理、成本管理、营运管理、投融资管理、绩效管理、风险管理。这也是智能管理会计的七大应用领域。这些领域互相融合、互相影响，共同构成了智能管理会计的应用体系。

一、预算管理

作为企业管理体系中的核心工具方法，预算管理在智能技术迅猛发展和不断普及的时代正呈现出滚动化、场景化、预测化的发展趋势。各类场景化的业务预测和"T＋3"滚动预算都是预算管理在智能化时代的创新性应用。

二、成本管理

智能制造给各个行业的成本管理带来了较大的挑战。随着物联网、"互联网＋"技术的深入应用，企业生产组织和分工方式更倾向于网络化、扁平化，个性化客户需求将逐渐成为企业设计和生产产品或服务的起点。个性化定制模式的兴起改变了生产方式，对成本控制和产品定价提出了更高的要求。同时，出于对绿色、创新、自动化技术的追求，企业在生产设备、技术研发、控制系统上需要进行更大的投入，这无疑将使企业的成本结构、成本管理对象、成本环境发生变化。在此背景下，企业的成本管理正呈现出新的内涵。

三、绩效管理

近年来，饱受诟病的绩效管理在智能化时代取得了新的发展。在智能技术、大数据、区块链等新技术的驱动下，智能绩效管理系统能够对绩效结果进行科学的归因分析，据此制定合理的绩效改进方案并动态追踪改进过程，能够破解绩效管理的应用困局，推动绩效管理持续改善。智能化的销售绩效管理通过自动处理流程帮助企业更好地控制销售佣金发放，从而提高效率，减少错误，并获得实时的结果。这就是智能管理会计在绩效管理领域的典型应用。

四、战略管理

由于智能管理会计集合了海量内外部数据，开展"向前看"的数据洞察，能够对战略管理从战略分析、战略制定、战略决策、战略执行到绩效管理的各环节提供有力的数据支持。战略测算是战略管理在智能技术迅猛发展背景下的创新性应用。企业基于当前经营现状和战略目标，应用战略测算模型对未来经营情况进行战略推演和测算，以实现快速的战略模拟，并输出会计利润、毛利润、现金流量等指标数据，将战略目标分解、细化为具体、可执行的行为模式，以便确定战略缺口，制订行动计划，确保战略落地。

五、营运管理

智能管理会计在营运管理的各个重要环节中都获得了应用。从研发环节中的新目标成本法应用，销售管理环节中的客户画像管理、定价决策、促销方案决策等，到生产管理环节中的供应链的预测决策管理，以及采购管理环节中的采购一体化管理，企业基于智能管理会计系统开展基础假设、数据计算、情景模拟、方案对比等专项工作，直接让数据赋能营运决策。

六、投融资管理

智能化对投融资管理的影响不仅体现在投融资计划制订、融资资金安排、投资可行性分析以及投资决策的及时性、准确性的提升方面，还体现在投资活动的投后分析、融资活动的成本收益分析等方面。基于智能技术的应用，企业能够收集全面、真实的投资信息，解决信息不对称带来的投资误判问题；能够科学、准确预测投资项目所涉行业、区域发展趋势及项目关键参数，对投资效益进行事前预测和事后分析评价；能够深入评估项目风险，避免低估项目风险；还能够实时跟踪资金存量和资金需求，预测资金需求量和需求时点，据此提前做出融资安排，维持资金链的安全并节省融资成本。

七、风险管理

传统的风险控制以事后的检查发现为主，很难将风险控制手段用于事前和事中，且事后的检查发现也缺少更加高效的工具，难以发现关联风险。

智能技术可以有效提升风险管理的工具效率和工作质量，可以从事前、事中和事后三个层次防范财务操作风险。在场景化的数字风险防控思路下，大量的风险控制可以通过自动化规则前移至交易环节，实现对风险的场景化事前识别和事前控制。传统的风险控制工具方法也在智能技术的加持下发生着全方位的进化和迭代。

第四章

管理会计工具创新：预算管理场景化

近年来，因为人工智能和数字化技术的普遍应用，我国很多大中型国有企业开始以智慧管理平台为新战略实施在数字化转型中进行探索，智能预算管理系统已成为企业打造"智慧家族"中不可或缺的重要一员。

基于人工智能、商业智能、大数据等新一代信息技术，很多企业的预算体系瞄准中长期战略规划、年度预算与调整、预算管控、决策分析四个主要目标闭环构建，系统地在横、纵两个方向上实现贯通。一是在横向上将战略、计划预算预测、执行控制、分析、绩效考核紧密结合，形成业务与财务之间的融会贯通；二是在纵向上形成集团到下级单位的数据贯通，提高预算管理效率及准确性。目前，预算管理已经成功地帮助很多大中型国有企业在管理上实现对全面预算内容的实时管理控制，落实财务、实物和人力资源优化配置；在系统工具上提高企业组织内部信息管控水平，并提升整体预算及绩效管理能力。

在智能技术迅猛发展和不断普及的时代，我国很多大中型国有企业在管理上发生了翻天覆地的变化，而预算管理作为企业管理体系中的核心工具方法，从系统到流程到方法都在发生较大的变革。本章将基于管理会计工具创新，全面阐释智能化将在哪些方面影响企业预算管理，以及企业预算管理在智能技术的加持下又有哪些创新性的应用和发展。

第一节 预算管理概述

一、全面预算管理制度

全面预算反映的是企业未来某一特定时期（一般不超过一年或一个经营周期）的全部生产、经营活动的财务计划，它以实现企业的目标利润（企业一定期间内利润的预计额，是企业奋斗的目标，根据目标利润制定作业指标，如销售量、生产量、成本、资金筹集额等）为目的，以销售预测为起点，进而对生产成本及现金收支等进行预测，并编制预计利润表、预计现金流量表和预计资产负债表，反映企业在未来期间的财务状况和经营成果。

全面预算管理是企业内部管理控制的一种主要方法，在现代企业成熟与发展过程中起过重大推动作用。该方法自 20 世纪 20 年代在美国的通用电气、杜邦、通用汽车公司产生之后，很快就成了大型工商企业的标准作业程序。从最初的计划、协调，发展到现在的兼具控制、激励、评价等诸多功能的一种综合贯彻企业经营战略的管理工具，全面预算管理在企业内部控制中发挥核心作用。2000 年 9 月，国家经贸委发布《国有大中型企业建立现代企业制度和加强管理的基本规范（试行）》，明确提出企业应建立全面预算制度。经过多年努力，该制度已经得到广泛认可，并进入规范和实施阶段。

预算通常是在预测和决策的基础上，围绕企业战略目标，对一定时期内企业资金取得和投入、各项收入和支出、企业经营成果及其分配等资金运动所作的具体安排，显示企业为了获得预期利润而期望其责任中心从事的活动。要准确把握预算的含义，必须区分以下概念。

首先，预算从其本质上看，属于计划的范畴，但并不等于财务计划。从内容上看，预算是企业全方位的计划，而财务计划只是其中的一部分；从形式上看，预算是企业全方位的计划，而财务计划只能是以价值形式表现的计划；从组织者及执行过程控制的范围来看，预算是由企业各个不同组织、部门的当事人或参与者共同组织执行的，其涉及范围远远超出了财务部门，而财务计划主要是由企业财务部门组织编制并执行控制的。

其次，预算不同于预测。预测是对未来不可知因素、变量及结果的不确定性的主观判断，其源于经济事件的不确定性和风险，通过预测并进行有效的预算是防范风险的重要措施。这就意味着预测是预算的前提，没有预测就没有预算。同时，预测方式的科学性与结果的准确性将直接影响到预算编制基础的不确性和预算质量的高低。

二、预算的作用

（一）制定目标，控制业绩

预算最明显的作用就是将企业的目标具体化，编制和使用预算可以使经理人员筹划未来，制定目标，预测可能存在的问题，并为企业的发展指明方向。而一旦预算编制完成，经理人员就可以将预算作为一个基点，通过实际业绩与基点的比较，纠正不利的影响，对企业的业绩实施控制。

（二）沟通协调，分配资源

对于任何有效运作的企业来说，编制和使用预算是高层管理人员与预算执行人员之间交流意见的好方法。高层管理人员将其对企业预算期内经营业绩的期望反映在预算中，而如果在预算的编制过程中，双方能够很好地沟通交流，那么基层部门及人员就能将其想法传达到高层管理人员那里。

同时，由于任何企业的资源都是有限的，预算为在相互竞争的用途上分配资源提供了一种方法，从而使企业资源的利用效率最大化，实现企业的盈利目标。

（三）评价业绩，激励员工

将实际业绩与预算业绩进行比较，能够帮助管理人员对个人、部门乃至整个公司的业绩进行评价，因此预算可以作为评价既定任务或目标是否完成的一种标准。同时，预算以具体的数据提出了在某一预算期内对某一部门业绩的期望，并且公司一般会对完成或超过预算利润的部门发放奖金，从而激励部门经理及员工为完成预算而努力。

三、预算的组织管理

预算的组织管理负责预算的编制、审定、协调和反馈及其他各项预算管理职能，在企业的预算管理中发挥着重要的组织协调作用。为了使整个预算工作有条不紊地进行，一般在企业内部设置预算委员会，负责预算的编制、实施、控制、协调和指导。

预算委员会的成员一般由总经理、副总经理和财务总监等高级管理人员构成。其主要任务包括：

（1）审议通过有关利润管理的政策、规定和制度等；

（2）组织企业有关部门或聘请有关专家对目标利润的确定进行预测；

（3）审议通过目标利润、预算编制的方针和程序；

（4）审查整体预算方案及各部门编制的预算草案，并就必要的修改提出建议；

（5）在预算编制和执行过程中，对部门之间可能发生的分歧进行必要的协调；

（6）批准最终预算，并经常检查预算的执行情况。

除了预算委员会，组织还设立预算专职部门，负责处理与预算相关的日常管理事物。预算管理委员会的成员大部分是由企业内部各责任单位的主管兼任，预算草案由各相关部门分别提供，获准付诸执行的预算方案是企业的一个全面性生产经营计划，预算管理委员会在预算会议上所确定的预算草案也绝不是各相关部门预算草案的简单汇总，这就需要在确定、提交、通过之前对各部门提供的预算草案进行必要的初步审查、协调与综合平衡。因此必须设立一个专门机构来具体负责预算的汇总编制，并处理日常管理事务。同时，在预算执行过程中，可能还存在一些潜在的提高经济效益的方法或者出现责任单位为了完成预算目标有时采取一些短期行为的现象，而管理者可能不能及时得到这些信息，这就决定了预算的执行控制、差异分析、业绩评价等环节不能由责任单位或预算管理委员会单独完成，以免出现部门满意但对企业整体来说并非最优的结果。因此，需要成立一个预算专职部门对预算责任单位和企业整体预算执行情况进行监控。预算专职部门直接隶属于预算管理委员会，以确保预算机制的有效运行。

四、预算的编制程序

基于企业集权或分权的不同管理模式，预算编制流程主要可分为自上而下式、自下而上式和上下结合式三种。

（一）自上而下式

自上而下式与集权制的管理思想和风格比较统一，适用于集权制企业。

这种方式的流程是：总部将下属各个子公司或分部（包括各职能部门）视为预算管理的被动主体，上层管理者制定预算目标，下层被动地执行。

自上而下式的优点是能够防止本位主义，保证预算目标最大化地实现。其缺点也是显而易见的，即没有基层人员的参与，预算可能偏离实际情况，从而影响预算顺利地贯彻执行。这种方式一般适用于新建企业、小企业或企业面临经济困难的时期。

（二）自下而上式

这种方式多适用于权利相对分散的公司，强调预算来自下属预算主体的预测，总部只是设定目标、监督目标的执行结果。

自下而上式的优点在于能够发挥下级单位的积极性，强化其参与意识，并具有管理认同感。其缺点在于可能导致严重的本位主义，使预算留有较大的余地，从而影响预算目标的最优化。这种方式一般适用于规章制度健全、下级管理者自主性强、预算编制能力强的大企业。

（三）上下结合式

顾名思义，在预算编制过程中，上下结合式将经历自上而下和自下而上的循环往复。而事实上，任何可行的预算方案都离不开上上下下的讨价还价，否则预算可能是一种来自上级的武断或下级的隐瞒。通常这种方式的编制程序如下。

1. 下达目标

企业董事会或经理办公会根据企业发展战略和预算期经济形势的初步预测，在决策的基础上，一般于每年9月底以前提出下一年度全面预算目标，包括销售或营业目标、成本费用目标、利润目标和现金流量目标，并确定财务预算编制的政策，由预算委员会下达各预算执行单位。

2. 编制上报

各预算执行单位按照全面预算委员会下达的预算目标和政策，结合自身特点以及预测的执行条件，提出详细的本单位预算方案，于10月底前上报企业财务管理部门

3. 审查平衡

企业财务管理部门对各预算执行单位上报的预算方案进行审查、汇总，提出综合平衡的建议。在审查平衡过程中，预算委员会应当进行充分协调，对发现的问题提出初步调整的意见，并反馈给有关预算执行单位予以修正。

4. 审议批准

企业财务管理部门在有关预算执行单位修正调整的基础上，编制出全面预算方

案，报预算委员会讨论。对于不符合企业发展战略或者预算目标的事项，全面预算委员会应当责成有关预算执行单位进一步修订、调整。在讨论、调整的基础上，企业财务管理部门正式编制企业年度预算草案，提交董事会或经理办公会审议批准。

5. 下达执行

企业财务管理部门对董事会或经理办公室审议批准的年度总预算，一般在第二年的 3 月底以前，分解成一系列的指标体系，由预算委员会逐级下达各预算执行单位执行。

五、全面预算的编制原理

（一）全面预算的构成

全面预算是各有关预算的集合，也称之为主预算，由经营预算、财务预算和资本支出预算三部分组成。

经营预算是为了规划和控制未来时期的生产、销售等经常性业务以及与此相关的各项成本和收入而编制的预算，主要包括：

（1）销售预算；

（2）直接材料预算；

（3）直接人工预算；

（4）制造费用预算；

（5）期末产成品存货预算；

（6）销售及管理费用预算；

（7）预计利润表。

财务预算是企业在预算期内为规划资金的筹集和分配而编制的反映有关现金收支和财务状况的预算，主要包括：

（1）现金预算；

（2）预计资产负债表；

（3）资本支出预算。

其中，资本支出预算实际上是长期投资支出预算，本章主要探讨经营预算和财务预算的编制方法和原理。

（二）全面预算的编制原理

编制全面预算时，首先要收集必要的数据，并先后完成销售预算、生产预算、直接材料预算、直接人工预算、制造费用预算、销售和管理费用的预算表格。接着，利用上述表格，完成预计利润表的编制。之后，利用基本数据及上述的预算表格资料，编制资本预算、现金预算表和预计资产负债表。

1. 销售预算

企业生产经营全面预算的编制通常要以销售预算为出发点，生产、材料采购、存货、费用等方面的预算都要以销售预算为基础，而销售预算又必须以销售预测为基础。根据销售预测方法，确定未来期间预计的销售量和销售单位后，即可求出预计销售收入，相关计算公式如下：

$$预计销售收入＝预计销售量×预计销售单价$$

通常，销售预算会附有一份预算期的预计收现计划表，该表用于编制现金预算，一般根据销售部门预算给予客户信用条件来编制。

2. 生产预算

生产预算的编制要以预计销售量和预计产成品存货为基础。产品的预计生产量可根据预计销售量、预计期末产成品存货、期初产成品存货确定，其计算公式为：

$$预计生产量＝预计销售量＋预计期末产成品存货－预计期初产成品存货$$

由上式可以看出，对期末存货进行统一预计，目的在于避免存货过多而形成资金浪费；存货不足，会影响未来期间销售活动的正常进行，从而给企业带来不利的影响。

一旦确定了企业的预算产量要求，就可以对生产中耗用的资源进行预算，编制直接材料、直接人工和制造费用等各项预算。

3. 直接材料预算

直接材料预算是一种以生产预算为基础编制的显示预算期内直接材料数量和金额的计划。其基本表达式为：

$$直接材料预算金额＝（预计生产量×单位产品的材料需要量＋预计期初存货）×单价$$

由上式可见，直接材料预算与生产预算相同，也要根据生产需要量与预算采购量之间的关系进行编制。其目的在于，避免直接材料存货不足而影响生产，或因存货过多而形成资金浪费。

在编制直接材料预算的同时，一般还要编制材料的预算现金支出计划表，用于编制现金预算。该表根据采购部门预期从供应商处取得的信用条件来编制。

4. 直接人工预算

与直接材料预算相同，直接人工预算的编制也要以生产预算为基础。其计算公式为：

$$直接人工预算金额＝预计生产量×单位产品直接人工小时×小时工资率$$

直接人工总工时换算成直接人工成本时，需要用到小时工资率，如果人工工资费用率差异不大，可以采用单一平均费用率计算。直接人工预算表必须按不同产品分别编制，因为不同产品耗用的人工工时数可能存在差别。

5. 制造费用预算

制造费用预算是反映直接人工和直接材料以外的产品成本的计划。与直接材料和直接人工的不同之处是，制造费用项目不存在易于识别的投入产出关系，其预算应该根据生产水平、管理层决策、长期生产经营能力、公司政策以及国家宏观经济政策等因素编制。一般制造费用预算中，包括费用方面预期的全部现金支出，但折旧不是现金支出，所以不予体现，从这一项目中扣除出去。因此，制造费用预算的基本形式可以表示如下：

$$预计费用现金支付＝预计人工小时×变动性费用预定分配率＋预计固定制造费用－折旧$$

6. 期末产成品存货预算

编制期末产成品存货预算的目的有两个：第一，为编制预计利润表提供销售产品成本数据；第二，为编制预计资产负债提供期末产成品存货数据。其编制的基本步骤为：先计算确定产成品单位成本，然后将产成品单位成本乘以预计期末产成品存货数量，即可得出预计期末产成品存货金额。

7. 销售与管理费用预算

销售与管理费用预算包括预算期内将发生的除制造费用以外的各项费用。如果各费用项目的数额比较大，则销售费用与管理费用可以分别编制预算。其编制方法一般根据成本性态进行。此外，非现金支出（如折旧等）要单独提出，从现金中扣除。

8. 预计利润表

在前述各经营预算的基础上，根据一般会计原则（权责发生制），即可编制预计利润表。预计利润表是整个预算过程中的一个重要环节，它可以揭示企业预期的盈利情况，从而有助于经理人及时调整经营策略。

9. 现金预算

现金预算一般由现金收入、现金支出、现金多余或不足以及现金的筹集与运用等四个部分构成。其基本关系可表示为：

期末现金余额＝期初现金金额＋现金收入－现金支出－最低现金余额＋现金筹集

10. 预计资产负债表

预计资产负债表反映预算期末各账户的预期余额。其编制方法为，在企业期初资产负债表的基础上，经过对经营预算和现金预算中的数字作适当调整，即可编制预计资产负债表。

预计资产负债表可以为企业管理决策者提供会计期末企业预期财务状况的信息，有助于企业管理决策者预测未来期间的经营状况。

第二节 预算管理的场景化

在智能技术的推动下，企业预算管理的数据基础、运算速度、展现方式都将发生较大变化。这将令预算管理呈现三大趋势：预算导向由战略化向业务化转变，预算周期由年度化向滚动化转变，预算内容由全面化向场景化转变。

一、数据应用的核心是预算管理

新技术的广泛应用使企业可以将自动化技术、智能技术与数据可视化技术相结合，融合和打通各类数据，提升数据整体价值；利用算法和规则引擎处理数据、构建模型；利用传感器和云计算等新技术工具进行实时计算和数据的可视化呈现，并对具体业务场景中的业务经营情况进行前瞻性的预测和分析。这将大大缩短预算编制的时间，大大提升预算数据的精准度，大大提高数据的认知效率，助力企业踏上数字化决策之路。

（一）新技术赋予预算管理以强大的数据基础

数据是预算管理的基础。有三类数据会对企业的经营造成影响，它们构成了场景化预测的数据基础，包括财务小数据、业务中数据和互联网大数据。财务小数据主要包括收入、成本、利润、资产、负债等企业财务口径的价值量数据；业务中数据是企业运营中产生的产品、客户、渠道、生产、研发等相关经营信息，既有价值量数据，也有实物量数据；互联网大数据是与企业所处行业相关的竞争环境、盈利模式、业务模式、客户消费模式等一系列内外部经营相关的信息流。

预算管理的本质是通过对未来经营情况的模拟"算赢未来"，是一套涵盖从业务预算到财务预算，从目标制定、预算编制、预算执行和控制到分析反馈、调整和评价的闭环体系。一方面，预算管理在构成上并不是以财务小数据为主，而是以业务中数据为基础，通过对业务计划的整合实现总体目标，同时需要用合理的预算逻辑将各类业务计划有效连接，形成服务于整体目标的行动计划与资源配置方案。另一方面，随着大数据、"互联网＋"时代的到来，企业本身的生存环境发生了重大变化，企业壁垒变得越来越薄，甚至有可能被瞬间打破。外部经营环境的变化，导致企业获取资源的过程和内部交易的过程，都需要依赖外部大数据来定义客户和完成交易。有鉴于此，预算管理从目标到计划到预算到资源到行动的整个过程，不仅包含财务小数据，而且包含整体预算标完成况、关键执行方案、资源使用内外部对标、预算执行情况自评、外部市场的评价以及新一轮的循环等。例如，建筑企业对于预算目标制定，不仅要基于企业内部的财务小数据、业务中数据，更要结合企业所处行业地位、所处商业生态圈的实际状况、企业未来的经营目标、针对竞争对手的策略选择、国家政策调控的影响、原材料价格涨幅和原材料替代等，可能从招投标一个建设项目的地块，就需要对未来长达五年、十年甚至更长时间的建设期、收益期等进行全方位的战略规划和预算管理。

数据的获取越及时，数据越完整、质量越高，预算管理就越精准、越有效。然而，在实际中，这三类数据数量巨大、类型繁多、价值密度低、速度快、时效高，对数据的获取和处理均提出了很高的要求。过去没有大数据技术的支撑，在大数据技术尚未获得突破性发展的阶段，在预算管理中，受限于技术瓶颈，企业的数据口不统一，数据不完整、不及时、质量低，使得预算数据的准确度很低，难以对业务进行有力指导。而基于内存多维数据库、敏捷 BI、大数据等新技术，企业可以经由物联网、云平台、存储设备、移动终端等多种渠道全面获取内外部的海量数据，通过ETL、日志服务等技术完成数据收集，并将它们存储在数据库中，可以经由分布式计算、内存计算等技术加速数据变现，将其全面应用于企业的业务经营和管理决策中，包括助力企业对具体业务的预测分析。及时、完整、真实的数据基础是确保预测结果有效和精准的前提条件。采用当前先进的内存计算技术，直接从内存而非磁盘上读取数据。基于内存计算的多维数据库把数据完整保留于内存中，并通过优化的存储结构和算法处理海量数据和复杂逻辑，将用户的数据读写请求快速转换为内存读写和内存计算，不仅让财务系统的运算、传输速度、效率得到极大提升，还使得系统性能不会因数据量的持续增加而发生衰减。

（二）新技术赋予预算管理以智能快速建模能力

预算管理通过构建量化模型来模拟和还原特定业务场景的业务流程，以实现对具体业务在未来不同情况下的数据测算，如在企业的订货业务中构建供应链管理模型、在预算目标的制定和分解中构建目标测算模型等。因此，系统的建模能力和对模型的应用能力在很大程度上决定了预算结果的有效性。

过去，无论是手工模式下的 Excel 表格、ERP 系统中的预算模块，还是专业预算软件，均无法满足精准、实时的预算管理对模型的需求。以功能性、专业性相对较强的预算软件为例，尽管其基于传统 BI，可以支持复杂的运算过程和对数据的实时控制与分析，但基于传统技术架构的系统主要提供固定格式的报表工具，报表数据滞后，且牵一发而动全身，无法基于业务的变化做出快速响应，更无法满足具体业务端的个性化需求。

智能技术架构支撑的企业全新 IT 体系拥有强大的建模和计算引擎，企业可构建业务预测体系，快速制定针对特定业务场景的经营计划，及时响应复杂业务的变化并做出快速调整，使用神经网络、规则归纳等技术发现数据之间的关系，做出基于数据的推断。例如，基于新技术，制造企业可根据实际情况设计机器学习算法，搭建模型进行智能化的库存优化、销售预测和产销平衡。

（三）新技术可实现对预算数据的可视化展现

预算管理的价值不仅由预测的数据和模型所决定，还与预测数据的展现方式密切相关。过去，我们习惯用图表呈现预测结果。这些填满数据的图表看似具体、细致，却大大提高了管理人员的解读难度，从而降低了决策效率。管理人员可能需要花费大量时间努力从大量预测报表和数据中发现问题，以做出正确的决策。

当前，借助智能技术和前端数据分析技术，管理者可以获取更简洁、更直观、更及时的可视化预测信息。这些信息经由计算机基于使用者的需求进行筛选后，集中通过一个大屏得以展现。管理者可以基于场景化的大屏做出战略决策和经营管理决策，这将大大提升管理者的数据认知效率，提高决策的及时性和准确性。

二、从战略目标规划到业务场景化管理

（一）预算导向从战略化到业务化

回顾预算管理的发展史，企业预算管理水平由低到高可分为四个阶段：财务预

算阶段、业务预算阶段、全面预算阶段和战略预算阶段。战略预算管理以战略为中心设计预算内容体系，并以战略为起点进入预算管理的最高阶段。战略预算管理展现了传统预算管理体系以确保战略有效落地为最高目标的主导思想。

预算管理与战略的关系密不可分。预算管理是企业战略落地的抓手，同时也是实现企业战略的有效工具。然而，随着全球经济的发展和企业管理的进步，经济波动的周期越来越短，企业所面对的经营环境变化得越来越快，战略的能见度变得越来越低，这使得以企业整体战略为导向的中长期预测数据的准确性和有效性大大降低。企业要想在竞争激烈而又瞬息万变的市场环境中立于不败之地，就要具备对市场前端的变化响应得更快的速度。这毫无疑问让预测数据的业务化、实时性和精细化显得更加重要。

在数字技术时代，企业可获得数据的数量和质量，以及数据计算和数据分析能力均得到大幅提升，这使得预算管理和数据应用有了更多的可能。战略化管理不再是预算管理的唯一最高导向，预算管理与业务经营的融合更加紧密，业务精细化管理变得越来越重要。企业将更加青睐周期更短、投入更少、见效更快、效益更高的预测。

（二）预算内容从全面化到场景化

毫无疑问，随着信息技术的发展，企业管理的精细化程度日益加深。精细化管理的本质意义在于它是一种对战略和目标进行分解、细化和落实的过程，是让企业的战略规划能有效贯彻到每个环节并发挥作用的过程。预算的本质是对未来事项的预计和测算。传统的企业级预算由于更强调预测数据内容的全面性，导致数据颗粒度往往较小，缺乏对企业经营的精细化指导。在预算业务化的发展趋势下，传统的企业级预算已日益独木难支。预算业务化的特点是将数学算法运用到海量的数据上，以预测企业在某一具体业务活动中的不同可能，并用预测数据指导企业的具体经营和管理活动。过去受技术所限，企业预算系统难以获得及时、有效、完整的数据信息，准以有效支撑对具体业务的快速建模和计算，也无法实现对不同业务活动的定制化、可视化的数据展现。而随着智能技术将这一切变为可能，企业不仅可以更高效地完成企业级的全面预算管理，还能够分部门、分业务场景开展预算活动，使预算与业务进一步紧密融合，让预算赋能企业的业务发展。

场景化预测是部门级、轻量化业务预算的具体表现形式。场景化预测将预测深入到企业最基础的细分业务环节中，基于不同的业务场景设置模型，开展预测，并将预测数据反馈于对该场景业务的运营和决策。场景化预测能够大大提升预测的精细度，并有力提升预测的科学性和数据的准确性，体现了管理的精细化要求。在数字化转型的新时代，预算管理从企业级迈向部门级、从全面化走向场景化已成必然趋势。

（三）预算周期从年度化到滚动化

作为企业合理配置资源、确保战略落地的有效工具，传统预算自诞生以来，编制的内容一直以定长的年度预算为核心。这种预算管理模式保持了预算考核周期与企业会计年度的一致，可以确定年度目标并分解、落实到各责任主体，有利于公司战略的有效落地，具有不可替代的优越性。同时，这种定长的预算管理也存在局限性。在市场环境和企业经营相对稳定、短期变化不大的年代，年度预算能够更多地展现出其优势和价值，但是一旦企业市场环境和经营环境变化加快，这种预算管理模式的价值就会大大降低。

从 2003 年的 SARS 到 2008 年的金融危机，再到 2020 年的新冠肺炎疫情，突发事件时有出现，印证了一个事实：世界经济社会格局越来越充满不稳定性、不确定性、复杂性和模糊性。在这一形势下，强调固定性和更长周期的年度预算的价值日益被削弱，而更灵活、周期更短的滚动预算日益受到更多关注。

传统管理会计体系中，滚动预算在企业中的应用并不广泛。即便是在已经应用滚动预算的企业中，落地效果也并不理想。其中的原因除了管理层的认识和重视程度不够、员工协同和参与的积极性不高之外，更重要的是传统预算信息系统的性能难以满足滚动预算的工作要求。滚动预算及预算基础的随时更新和预算数据的修正计算量较大，对预算系统与其他业务系统之间的集成性，以及预算数据的时效性和准确性都具有较高的要求。具体来说，滚动预算系统每天都面临不断增加的数据量及数据处理、数据分析事项，系统需要快速对这些事项做出反应。数据响应速度慢、数据分析延后，滚动预算的价值就会大打折扣。而大多数预算信息系统的性能本身不足以满足滚动预算的这些要求。不过，随着以智能技术为核心的新技术的迅猛发展，系统的数据存储、数据计算、数据分析能力均大幅提升。无论企业多频繁地改变预测数据，也无论企业对多大规模的预测数据进行调整，系统都可以确保数据读写计算、存储、交互的敏捷性。基于新一代智能预算管理平台，预算管理的周期正在从过去以年、季度为基础，快速向以月、周、日甚至小时、分钟、秒转变。这就为滚动预算创造了前所未有的应用基础。滚动预算具备了飞速发展及被广泛应用的理由和条件。

第三节　滚动预算

按照《管理会计应用指引第 201 号——滚动预算》给出的定义，滚动预算是指企业根据上一期预算执行情况和新的预测结果，按既定的预算编制周期和滚动频率，对原有的预算方案进行调整和补充，逐期滚动，持续推进的预算编制方法。通常而言，企业可以按年度、季度、月度等进行预算滚动。企业可以根据行业和市场等环节的变化剧烈程度，以及内部的管理和信息化基础，并结合企业的战略目标和业务性质，来合理选择预算的滚动周期和频率。

一、滚动预算的特点

滚动预算的主要依据是市场的供需量变化发展，相对于年度预算有以下的特点和优势。

（一）滚动预算可以提高预算的准确性

年度预算通常以一年为周期，一旦在企业内部决策层通过，如非遇到特殊情况，基本很少改变。年度预算在一定程度上有其较大的刚性。但企业的经营活动往往是复杂的，在预算周期内，其经营环境、生产要素等方面往往存在很大的不确定性。这些因素的变化，很容易使企业的年度预算目标脱离现实，使业务发展与当初的设想相偏离。而相比于定期预算，滚动预算的最大特点便是具有动态性。在实施过程中，不断地修正、调整和延续预算，使得企业预算更切合实际。

（二）滚动预算能够克服预算的盲目性

受预算区间的限制，企业的管理者往往会局限在其预算区间内进行经营活动，而通常不考虑下期。滚动预算恰恰有助于克服这种缺陷，因为滚动预算在执行过程中，始终会保持一个固定的预算周期。以季度预算为例，每经过一个月，就根据已经掌握的新情况对后几个月的预算进行调整和修正，并在原来的预算期末随机补充一个月的预算。随着时间的推移，原来较粗略的预算就逐渐变得精细，同时，又补充新的较粗略的预算，如此不断滚动。从人们认知事物的客观规律来讲，人们认识某项事物也通常是一个由粗到细、由大概到具体的过程，这一点和滚动预算的特点恰好契合。所以说，滚动预算的应用，更符合人们认识事物的客观规律，能够让企业各层面管理者和管理会计从业人员避免过分僵化地编制和执行预算。

（三）滚动预算能够减少部门之间的博弈和内卷

众所周知，年度预算近些年最被诟病的一个原因，就是会带来部门之间的博弈。在编制年度预算时，各部门难免要抢资源，都强调自己下一年的支出不可或缺，以争取足够多的预算额度。公司管理层和执行层之间的博弈，不仅容易造成预算失真，而且久而久之，还会增加彼此之间的不信任感。

而滚动预算则不一样，因为它主要在技术层面应用，不太会成为考核手段，不带有博弈功能，人们做滚动预算时心里会相对轻松。滚动预算可以有效减少人为粉饰因素，还原未来一段时间内企业经营的真实面貌，从而为企业管理层的决策提供参考。

二、编制滚动预算的基本要求

总的来看，滚动预算的编制作为一个系统化的复杂计算过程，需要同社会经济发展和企业自身状况联系起来，从整体上进行统筹规划。在企业滚动预算落地的过程中，需要注意的问题如下。

其一，滚动预算需要全员参与。在实践中，很多业务人员会认为预算是财务部门的事，业务部门往往置身事外，或者仅仅给财务部门提供部分支持。实际上，滚动预算要做好，业务部门往往扮演着核心角色。这要求业务部门必须深度参与企业的预算管理工作，并且企业一把手也必须统领滚动预算工作。如果各级部门和业务经理将预算视为一个促使业务系统思考并计划、安排次年工作和资源的手段，将预算管理视为达到自身部门目标的精细化工具，那么企业业务人员就会倾向于更积极地运用这个工具。从此角度看，预算管理不仅是"控我"，更是"帮我"。

其二，滚动预算的编制需要和企业日常的经营计划和业务安排合而为一。每家企业通常都会做相应的经营规划和工作规划等，它们是预算的重要基础。如果企业在推行滚动预算的过程中，没有把企业的预测计划和滚动预算进行有效的连接，而是将计划和预算搞成"两张皮"，那么推行滚动预算时业务部门需要做两遍业务计划。这样不仅会降低预算效率，同时会强化业务部门的抵触情绪，使得滚动预算不能达到预期效果。只有将滚动预算和企业的经营计划、业务预测等有效协同，滚动预算才能更好地实施并发挥作用。

其三，滚动预算的编制需要充分考虑以后年度的状况，给其预算编制留出一定的周旋空间，特别是针对经营环境的变化，可以按照乐观和谨慎两种方案进行详细的分析预测。同时，需要考虑经营过程中所面临的各种风险，有效控制风险发生所产生的负面影响，最大限度地降低经济风险的损害程度。最后，还需要关注预算编制所产生的后续影响。

其四，企业在经营管理过程中，为了实现预算平衡的目的以及企业制定的经济目标，在滚动预算编制中需要按照由近及远、由粗到细的步骤逐步展开。企业在进行滚动预算时，需要根据实际情况将预算逐步扩大。如果无法做到科学地计算滚动预算，则年末预算会无法进行。预算没有进入项目库，则不会产生预算支出。

其五，滚动预算的假设基础认定一定要尽量准确。无论是全面的季度、年度预算还是月度预算调整，合理和相对准确的假设基础认定都是有效的预算结果的保障。滚动预算必须基于大量的、准确的业务数据。因此，企业在进行滚动预算编制和调整时，需要对企业所处的宏观市场（行业状况等）进行细致分析，同时结合自身的行业地位和产品策略等，确认预算期内的重大事件，分析自身所处的阶段，以提高预算编制的准确性。

三、更快、更细、更远的"T＋3"滚动预算

尽管相较于年度预算，滚动预算具备明显的优势，但滚动预算在实践应用中也存在两大技术问题：一是资源消耗大，滚动预算的很多数据均来自业务端，每期需要投入大量人力填写当期计划数据，滚动周期越短，在时间、人力上的投入相应越大；二是准确性不足，当期很准，下一期就差一些，再下一期会差得更多，财务部门后期还要做很多补充性调整才能令数据合理化。在智能技术的推动下，滚动预算也在发生着迭代和升级，"T＋3"滚动预算就是传统滚动预算在数字化时代的创新和优化。它融合了数据实时/批量加载、机器学习、知识图谱、千万级数据亚秒聚合等新技术，在进一步提升滚动预算应用价值的同时，可以有效降低应用难度，已在较多企业获得成功应用，是滚动预算发展的理想模式。"T＋3"滚动预算模型如图 4-1所示。

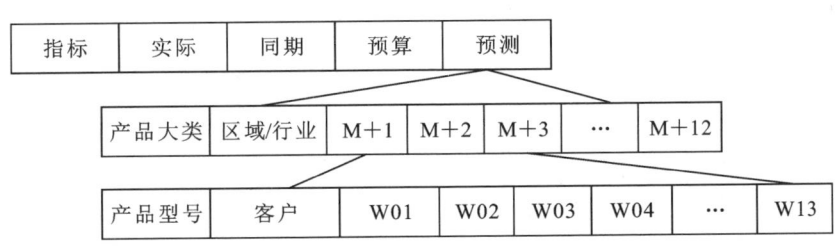

图 4-1 "T＋3"滚动预算模型图

"T＋3"滚动预算根据人们对未来预测"近期把握大、远期把握小"的规律，将精力放在最近3个月的预测上，主动放弃3个月以上预测的精细度，从而大大降低滚动预算编制的复杂度。具体来说，"T＋3"滚动预算基于"近细远粗"的原则，建立基于企业业务计划（订单计划、销售计划）和业务预算（订单预算、销售预算）的预测逻辑和预测模型，形成涵盖"上月实际数＋后3个月精确滚动预算＋剩余期间粗略滚动预算"的预算结果，能够为企业管理层和业务部门提供充分的决策支持和业务指导。

总体来看，"T＋3"滚动预算的核心思想可以总结为三点——"频率快、数据细、眼光远"。"频率快"指从季度滚动升级为月度滚动，具备条件的企业可以尝试以"周"为单位的短期滚动；"数据细"指预测的维度和粒度应尽可能地细化到与日常的运营计划保持一致；"眼光远"指预测的周期要足够长。当前，绝大多数国内企业都是年度内滚动，如现在是11月，就只能滚动到12月。而"T＋3"滚动预算建议企业做定长滚动，一般是滚动到未来的12个月。需要指出的是，滚动预算尽管具有年度预算所无法比拟的优势，却同样具有自身无法克服的缺陷，如适用性、短期性等，无法取代年度预算。

在企业管控层面上，以目标测算为基础编制年度预算，按照一定的模型进行责任主体目标的分摊和落实；在运营层面上，主要采用滚动预算，各责任主体通过滚动预算系统及时反馈市场波动的影响和实际经营数据，通过有效的运营达成预算目标。这应该是未来企业预算体系的标准架构。

第四节　预测的应用场景

一、预测分析概述

从管理的整个过程看，预测分析在决策之前，是首要环节，预测分析可以为决策提供依据。如果没有准确的预测，要做出符合客观发展规律的科学决策是难以想象的。因此，对每一位企业管理者而言，都不能忽视这方面的工作。并且，只有客观合理地对每个生产经营项目事前进行预测，才能进行市场预期和长短期的战略规划，为成本控制管理提供必要的支撑。本章在阐明预测分析的概念、种类、原则、程序和基本方法的基础上，主要介绍定性分析和定量分析方法在销售预测、利润预测、成本预测和资金需要量预测中的应用。

预测，即预先推测，是人们对未来状况做出的估计。预测分析，就是根据经济活动的有关历史资料和现实情况，结合未来变化的要求，采用一系列科学计算方法和技术方法，对预测对象的未来状况或发展趋势所进行的预计和推测。

预测的真正目的是有助于应变。预测分析不可能完全准确。从表面看，不准确的预测只能导致不准确的计划，从而使预测和计划失去意义。其实并非完全如此，预测给人们展示了未来各种可能的前景，促使人们制订出相应的应急计划。预测和计划的过程是超前思考的过程，其结果并不仅仅是数字，还包括对未来各种可能前景的认识和思考。预测分析可以提高企业对不确定事件的应变能力，减少不利事件出现带来的损失，增加利用有利机会带来的收益。

开展预测分析的基本程序如下。

1. 明确预测对象和要求

开展预测分析，首先要明确预测什么和要达到什么要求。预测的对象和要求不同，所需收集的资料、采用的方法、预测结果的表现方式等均会不同。只有明确预测对象和要求，才能有针对性地做好各个阶段的预测分析工作。

2. 收集和整理资料

明确预测对象和要求后，收集资料就是一项很重要的工作，预测分析的目的和要求能否达到，在很大程度上取决于资料占有的情况。要想占有大量资料，日常必须注意收集和积累资料。预测分析必须依靠可靠的资料，并要求其具有完整性和典型性。对收集到的资料还应进行归类、汇总、调整等加工处理，使之满足预测分析的需要。

3. 运用适当的预测方法和预测模型进行预测

对经过加工整理的资料，选用适当的预测方法，建立预测模型进行预测，取得初步的预测结果。预测方法和预测模型多种多样，针对不同的预测对象，根据所掌握资料的性质和特点，可以运用不同的预测方法和预测模型。选择适当的预测方法和预测模型，是提高预测分析质量的重要保证。

4. 定期检查验证结果

在运用一定预测方法和预测模型求得预测结果后，要了解未来经济活动实际发生的情况与预测结果是否吻合、有无差距、产生差距的原因等，就需要对预测工作定期进行检查验证。用预测的数据与实际发生的数据进行对比，找出差距，分析原因，以便加以改进。

二、预测必须立足于实际场景应用

场景，其实就是什么人什么时间在什么地点出于什么目的做了什么事。人物、时间、地点、目的和事件构成了一个具体的画面，这个画面就是场景。场景化预测就是基于企业生产经营的具体场景做出的预测。

任何企业的管理都脱离不了实际场景的运用。企业经营是一个个具体的场景串联叠加的结果。理解场景是解决问题的前提。站在管理的维度上，以数据为反馈依据，将场景与场景串联，是管理控制业务进程、提升运营效益的有效路径。现代管理学认为，科学化管理有三个层次：第一个层次是规范化；第二个层次是精细化；第三个层次是个性化。场景化预测既体现了管理的精细化，又体现了管理的个性化。场景化预测能够有力提升预算的颗粒度，体现了管理的精细化。精细化管理的本质意义在于它是一种对战略和目标进行分解、细化和落实的过程，是让企业的战略规划能有效贯彻到每个环节并发挥作用的过程。预算的本质是对未来事项的预计和测算。而传统的企业级预算由于更强调预测数据的全面性，缺乏对企业经营的精细化指导。场景化预测将预测深入企业最基础的细分业务环节中，基于不同的业务场景设置模型，开展预测，并将预测数据反馈于对该场景业务的运营和决策，大大提升了预测的精细度，有力提升了预测的科学性和数据的准确性，体现了管理的精细化要求。场景化预测实现了业务与财务的真正融合，体现了管理的个性化、灵活性和具体的适用性。

预算管理诞生之后，迅速受到广泛的认可和应用，成为企业的核心管理工具。与此同时，针对预算管理的非议如影随形。很多企业有这样的困惑：不执行预算管理不行，执行预算管理无用。其根本原因在于传统的企业级预算管理与业务经营脱节，难以实现业财融合。企业级预算站在企业全局考虑问题，而企业的组织架构和业务经营活动具有复杂性，企业级预算难以结合不同部门、不同业务的个性化特点对不同情景下的不同预测模型及影响因子进行合理选择，难以对企业具体的业务经营活动做出有效指导。场景化预测将预算直接下沉至具体的工作场景中，让预算管理与具体业务紧密联系，从根本上弥合了业务与财务的鸿沟。使企业能够在瞬息万变的市场环境中，基于不同部门、不同业务的具体特点进行情景模拟和数据测算，从而有效提升企业决策的正确性和效率。

三、基于场景化预测的管理者决策

场景化是预算管理发展的必由之路，也将彻底改变预算管理的面貌。一旦预算管理从贯穿企业业务全过程、全内容的场景化，拓展到不同部门业务过程的场景化，预测的数据将变得更及时、更精准、更智能、更易用。业务数据化、场景化预测，正在连接企业的现在与未来。下面以两个场景进行分析。

　　场景1：*某建筑企业总部办公大楼。"李总，A区有一个新地块拟竞拍。但是我们和运营部门经过初步评估后，意见有分歧。请您决定咱们是否要参与竞拍。"月度汇报会上，某建筑集团投资部的张经理拿出一沓资料，认真地做着汇报。李总越听眉头拧得越紧。"目前的信息有点散乱，可能大家还要努努力，把数据做得更细致一些，我暂时不好下结论。"李总最后说。*

　　投资能力是建筑企业的核心竞争力之一，投前管理则是建筑企业运营管控中的重要环节。面对一个新项目，企业要不要投标竞拍，以多大投入进行竞拍，竞拍成功拿地后如何开发，都必须进行投前测算。若不能进行科学、精确的投前测算，企业在新项目拿地和开工的决策中将失去较为关键的依据。然而，建筑类企业在投前管理中普遍存在管控规则无效、边界不清晰、数据不准确、缺乏历史数据沉淀、缺乏过程监控、投资活动未形成闭环等问题，投前管理的不准确、不及时，部门"打架"、拍脑门决策等现象时有出现。

　　通过构建投资测算系统，企业可针对各拟投资项目进行全周期规划，测算项目的现金流和盈利指标，辅助企业判断投资项目的可行性。在上述场景中，如果应用了投前测算，企业就可以基于历史数据，结合该地块的基本情况以及运营部门对该地块的初步规划和推进节奏等，充分考虑项目成本、融资渠道、销售进度等因素的不同情况。通过对基础数据的多版本敏感测算，自动生成不同版本的模拟投资测算表和现金流量测算表，为管理决策层提供是否投资该项目的快速决策支持。

　　场景2：*"这种原材料在B项目还有5000件库存，可是在A项目3天前就因为短缺停工了，你们都是怎么配备原材料供应的？"李总大发雷霆。*

　　建筑类企业的原材料供应要求很高，具有很强的时效性和协调性。存货过多会造成原材料积压而占用地方并造成现金流紧张，存货不足会影响施工进度，这一难题源于施工项目中原材料使用预期不精准和供应不匹配的问题。企业如果无法及时、准确预算项目原材料需求和项目施工周期的变化，不能根据各个项目施工的原材料实际使用情况匹配需求计划和供应计划，就会出现上面的困境。事实上，所有企业供应链的职能工作人员都在面临更快的产品迭代、更个性化的产品诉求及更高的产品品质要求，调整生产、采购等供应链的决策已成为很多企业的常态化管理。

智能供应链的预测决策系统是在达到企业盈利、效率、竞争等要求下持续地满足市场需求的总体销售和生产等计划，它包含决策层以要货预测、产能限制、库存安排等为依据定期协同销售、生产、采购、计划等部门的一系列管理活动。基于多维度内存计算和大数据平台，企业可重构预测和分析能力，构建企业整体的全局供应链计划体系，快速制订可行的分销计划，并主动管理控制供应链风险。

第五章

管理会计工具创新：成本管理精益化

第一节　成本术语及其解释

一、成本的概念

成本是商品经济的价值范畴，是商品价值的组成部分，也称之为生产费用。生产经营者进行生产经营活动或达到一定的经济效益目的，必须耗费一定的资源（人力、物力和财力），其所费资源的货币表现称之为成本。总括地讲，成本就是以货币形式表现出来的企业生产经营中的耗费。现代管理会计认为，工业企业为实现有效的经营，尽可能提高生产的经济效益，在决策、计划、控制和评价改进中的各个环节，都必须对成本问题进行认真的分析研究。

二、成本的一般分类

（一）按照经济用途分类

财务会计中的成本根据经济用途可分为生产成本和非生产成本，这是一种传统的分类方法，可以直接体现产品的价值凝结过程。

1. 生产成本

生产成本，也称制造成本，是生产产品过程中所发生的各项耗费，包括直接材料、直接人工和制造费用等三项。直接材料是指生产过程中直接用来构成产品主要实体的材料成本；直接人工是指在生产过程中对材料进行直接加工使其变成产品所耗用的人工成本；制造费用是指在生产过程中除去直接材料和直接人工以外发生的所有成本，可以再细分为间接材料、间接人工以及其他制造费用。

2. 非生产成本

非生产成本，也称非制造成本，是指与制造产品无关的所有成本，具体指与营销、管理活动有关的成本，包括管理费用、销售费用和财务费用。

一般来讲，生产成本的产生与产品生产制造密切相关，而非生产成本则是生产辅助工作产生的费用，与生产的相关性相对较远。

（二）按照发生时间分类

成本按照发生时间分类，可以分为历史成本和未来成本。

1. 历史成本

历史成本，顾名思义，也就是过去已经发生的成本，企业定期编制的财务报表所提供的成本信息几乎全部是历史成本，因此历史成本又称账面成本。

2. 未来成本

未来成本，也就是将来要发生的成本。尽管财务会计更注重研究已经形成的成本状况，但对于管理会计而言，在既有成本发生的情况下，则注重研究未来成本的发生。因为，管理会计要向企业提供预测和决策所需要的会计信息，它要让决策者事先知道该如何控制未来的成本，而不是等这些成本变成现实再去进行控制，所以，未来成本对于管理的意义重大。

（三）按照与决策的相关性分类

成本按照与决策的相关性，可以分为相关成本和无关成本。

1. 相关成本

一般而言，相关成本是指与某一特定的决策有关的成本，也就是能受到决策影响的成本。比如，经营决策者决定提升产品的性能，需要一种更加昂贵的原材料来替换现用的原材料，就会引起产品的生产成本明显上升。

2. 无关成本

无关成本，是指与决策方案无关的成本，即决策者不能通过决策来规定和改变的成本。

（四）按照可控性分类

成本按照是否可控，可以分为可控成本和不可控成本。

1. 可控成本

可控成本是指在特定时间和范围内，由特定部门的主管人员直接确定和掌握的有关成本费用，如采购部门对于直接材料的价格是可以控制的，生产部门对于直接材料的消耗量也是可以控制的。

2. 不可控成本

不可控成本是指某一特定部门的主管人员无法直接掌握，或受某一特定部门的业务活动直接影响的成本费用。如采购部门对于直接材料的消耗量是不能控制的，同样，生产部门对于直接材料的价格也是不能控制的。

（五）按照与成本对象的关系分类

出于控制成本费用、研究开发费用的界定，盈利能力研究，以及产品或服务的定价等多种不同目的，将成本分摊在一个特定产品生产全过程中或服务项目内所有需要成本数据的不同成本对象上，可以将成本分成直接成本和间接成本。通俗地讲，如果与某个特定成本对象直接相关，并能够以经济可行的方式追溯到成本对象，就将这部分成本当作直接成本。比如，某个建筑项目所需水泥、钢筋和各类其他生产材料都应当归类为直接成本。如果与某个特定成本对象能够相联系，但是不能直接以经济可行的方式在成本效益中直接体现，就认为这是间接成本。比如，在建筑施工过程中，质量检验人员、监工人员的管理支出费用虽然与施工项目密切相关，但是显然与项目所需的水泥、钢筋等费用支出不同，并且，这些非生产人员可能不止在一个项目中进行工作，在实际的财务管理中一般按照间接成本进行计算。

（六）按照成本性态分类

成本性态，是指成本总额与产量之间的依存关系。研究成本与产量之间的依存性，进行成本的性态分析，从数量上具体掌握成本与产量之间的规律性联系，可以为企业正确进行最可行的管理决策和改善经营管理提供有价值的信息，对于降低成本、实现经济效益最大化具有十分重要的意义。通常情况下，成本按照性态被分为固定成本、变动成本和混合成本。

1. 固定成本

固定成本，是指总额在一定期间之内和一定业务量范围之内，不受业务量变动的影响而保持固定不变的成本。比如，在一个经济主体之内，行政管理人员的工资、办公费用、财产保险、不动产税、按直线法计提的固定资产折旧费以及职工的教育培训费用等，都应当划入固定成本之内。固定成本总额一般不受业务总量变动的影响，但单位业务量所负担的固定成本直接受到业务总量变动的影响。

按照是否受管理当局短期决策行为的影响，还可以将固定成本进一步区分为约束性固定成本和酌量性固定成本。

1）约束性固定成本

约束性固定成本又称承诺性固定成本，是指管理当局的决策无法改变支出数额的固定成本，如折旧费、保险费、行政管理人员工资等。这类成本是企业实现长远目标的基础，反映的是近期组织和管理中不可或缺的费用，是一个企业为了生存发展所必须负担的最低成本，它在很大程度上制约着企业的正常生产经营活动。如果没有这些固定成本的正常投入，就无法进行正常生产经营。企业的决策者无法凭主观需要去调控它，只能按照客观需要去满足它。如果要降低这类成本，必然造成企业经营能力的削弱，影响到企业的盈利能力和长远规划发展，甚至导致企业亏损和破产。

约束性固定成本的支出多少一般取决于企业行业性质、生产经营规模等因素，一旦形成，就会在较长时间内长期存在，短期内不会做出大的调整。从这个角度考虑，这类成本的预算周期较长，一般经营管理者要做长久的战略发展规划。因此，在多数情况下，要想降低约束性固定成本，唯有从提升企业的生产能力和提高产品的产量入手，对企业的整体生产效率做出改进，才能达到相对降低单位产品成本的目标。

2）酌量性固定成本

酌量性固定成本又称选择性固定成本或任意性固定成本，是指管理者可以通过决策改变支出数额的固定成本，比如广告费、职工教育培训费、技术研发费等。尽管这类费用并不像约束性固定成本那样不能任意做出大的调整改变，但也不是说这类固定成本费用的支出就是可有可无的。从本质上讲，酌量性固定成本仍然是企业的一种存在成本，其支出的多少直接关系到企业未来竞争力的强弱，企业的经营管理者应权衡预期未来行业的竞争状况，合理定位自身的行业地位，对酌量性固定成本的投入做出合理的决策。因此，企业管理者通常在每一个会计年度开始前，就必须制定酌量性固定成本的年度开支预算，决定每一项开支的多少以及新增或取消某项开支。在每一个会计年度开始前，决策者对酌量性固定成本的预算和削减等决定，对企业后续的经营管理很重要。

2. 变动成本

变动成本，是指在相关范围内，总额随着业务量增减变动而成正比例变动的成本，如生产产品所耗费的材料、人工、动力、销售费用、包装费用以及按件计酬的工人薪酬等。

进一步，借鉴固定成本的分类思想，同样可以将变动成本分为酌量性变动成本和约束性变动成本。

1）约束性变动成本

约束性变动成本，是指企业经营管理者的当前决策无法改变支出数额的变动成本。这类成本一般是客观存在于所生产产品的直接耗费材料成本，比如面粉生产商无法控制和改变小麦的价格。

2）酌量性变动成本

酌量性变动成本，是指企业经营管理者的当前决策可以改变支出数额的变动成本，比如按产量计酬的工人薪金水平的变化一定会引起单位变动成本的变化，同样按销售收入的一定比例来计算销售佣金也能引起单位变动成本的变化。当然，并不是说经营管理者可以任意改变工人薪金水平来降低单位变动成本，其必须依据劳动力市场的供需关系等进行合理的决策。

3. 混合成本

混合成本就是介于固定成本与变动成本之间，兼有变动成本和固定成本双重成本特性的成本。在现实当中，许多成本项目并不是严格地表现为固定成本或变动成本，其发生额的多少虽然也受到产量大小的影响，但有时候也不一定是严格的单一函数关系，在进行分析的时候，需要对混合成本的性态进行近似的描述（也就是混合成本分解），才能进行分析研究。

由于成本按照其性态"是否变动"与"是否正比例变动"双重标准分类，必然产生介于固定成本和变动成本之间的混合成本。混合成本依照变动部分与产量之间的依存关系可进一步细分为半变动成本、半固定成本、延期成本和曲线型混合成本。

1）半变动成本

半变动成本也称标准式混合成本，是指在一定初始基数的基础上随着产量的变动呈正比例变动的成本。它是由明显的固定成本和变动成本合成，是普遍存在的一种类型。这类成本一般由两部分组成。一是基数部分，它在一定生产能力范围内不随着产量的变化而变化，体现出固定成本的性态。这部分是为生产产品必需进行的最低投入，比如机器生产设备、厂房等。二是基数以上部分，它随着产量的变化而成比例变化，呈现出变动成本的性态，可根据实际产品生产量进行灵活的调节和改变。在实际中，企业的生产人员薪金等构成多数属于此类。

2）半固定成本

半固定成本又称阶梯式变动成本，是成本总额会随着产量的变动而呈阶梯式变动的成本。这类成本的性态是：在某一个固定区间内的产量中，不论产量增长或减少，其成本保持不变；当产量增长或减少到另一个固定区间之内，不论产量在这个区间之内增长或减少，其成本跳跃到另外一个数值保持不变。比如，一些行业的工厂对产品质检员、化验员的工资这样确定：在一定的工作量内，工资水平保持不变，如果工作量达到另外一个强度，工资水平按高一档进行核算。

3）延期变动成本

延期变动成本是指在一定产量范围内其总额保持不变，但达到一定产量水平时，其总额就会随着产量的继续增加而相应增加的成本。这类成本的性态是，在某一临界点之下表现为固定成本，但是超过了这一临界点就会表现为变动成本。例如，在计时工资制下，正常工作时间之内支付给职工的工资是固定不变的，作为一种固定成本的表现；当加班加点时，就按照加班时间的长短进行加班工资的计量，这种工资模式称为延期变动成本模式。

4）曲线型混合成本

曲线型混合成本是指成本总额和产量之间表现为非线性关系。这类成本一般有一个初始量保持不变，相当于固定成本。在这个量的基础上，随着产量的增长，成本会逐步增加，但不是呈现线性增长关系，增长速度呈现加快或者减慢。因此，按照曲线斜率的变化可以分成递增式混合成本和递减式混合成本。

成本按照性态分类，既有客观基础，又适应了现代企业科学管理的需求；既是管理会计的基础理论之一，又是管理会计实现规划和控制基本职能以及进行经营预测和决策的前提条件。利用这种分类，企业可以在事前对成本进行科学的计划，在事中对成本支出进行有效的控制，实现降低成本、提高经济效益的目标。

第二节　成本管理的智能化

一、成本管理的发展

成本作为企业价值创造的源泉，也是企业产生利润的驱动力。资源以成本的形式完成价值创造，进而通过收入的实现完成价值转移。成本管理作为企业管理的一个分支，是指企业在营运过程中实施的成本预测、成本决策、成本计划、成本控制、成本核算、成本分析和成本考核等一系列管理活动的总称。成本管理通过充分动员和组织企业全体人员，在保证产品质量的前提下，对生产经营过程的各个环节进行科学、合理的管理，力求以最小的生产耗费取得最大的生产成果。

成本管理思想第一次获得快速发展是在第一次工业革命时期。1911 年，美国管理学家泰勒在《科学管理原理》一书中提出了"以计件工资和标准化工作原理来控制工人生产效率"的思想，随后标准成本、差异分析等方法应运而生。美国"钢铁大王"安德鲁·卡内基曾在回忆录中写道："先进的机器、完美的规划、熟练的工人、出色的经理，这一切保证了我们的巨大成功……根据我们钢铁厂的经验，我们知道精确的会计制度意味着什么。在生产过程中，原料从一个部门转移到另一个部门，都有员工进行核对，没有比这种做法更能提高利润的了。"这生动地诠释了成本管理在工业 2.0 时代的巨大价值。

在 20 世纪 80 年代之前，企业所面临的外部经营环境相对稳定，产品标准化、品种单一并大批量生产，企业的成本管理思想主要来自以生产者为中心追求利润的"规模经济"时代。计算机尚未在企业管理中获得广泛应用，成本管理主要通过标准成本法、责任成本法等方法，对生产成本、期间费用、资产耗费等各项成本进行管理。

20 世纪 80 年代之后 90 年代之前，企业所面临的外部经营环境日趋复杂化，客户需求变得多样化，企业从以追求规模经济为目标的大批量生产转变为对客户多样化需求做出快速反应的"弹性制造"。同时，信息技术开始获得广泛应用，使成本管理能够影响作业水平，尽可能消除非增值作业，提高作业效率，作业成本管理法由此产生。

20世纪90年代之后，随着全球经济一体化格局的形成，企业所面对的市场竞争进一步加剧。同时，信息技术获得广泛应用，对成本管理的影响日趋加大。企业开始打破围墙，站在更高的战略层面，从上下游产业链全环节考虑成本管理问题。

另外，随着竞争环境的日益复杂化和市场竞争的日趋激烈，成本管理的范围也已经由企业内部扩展到外部，企业战略的不同选择，越来越直接地影响着企业成本战略的选择。企业的成本管理应跳出经营性成本的范畴，站在战略的高度更全面、细致、准确地去规划和控制成本。站在这一角度而言，未来借助信息技术的发展，关注长期发展的、更具前瞻性的战略成本管理拥有广阔的应用前景。

近年来，随着各行业的纵深发展和新一代信息技术日新月异的进步，企业的经营环境日益复杂多变，竞争更加激烈，使得企业在运营上日益"以客户为中心"。面对更加个性化且变化节奏更快的客户需求，企业越来越多地采用"定制化生产"模式。依靠"规模经济"创造成本优势的传统模式基本失灵，直接成本在企业成本中所占比重迅速下降，企业成本管理的重点转变为如何控制或转嫁激增的研发成本和固定成本投入。

二、成本管理的智能化

对于成本管理而言，新一代信息技术所带来的最根本改变就是将"现实的万物"和"虚拟的互联网"整合在一起，使企业能够实时、准确地获得更全面的成本信息，从而推动了精益化成本管理的应用。物联网是智能制造的基础设施，它已经悄无声息地渗透我们的生活。

当我们满怀期盼地在淘宝或京东等电子商务平台查看商品的物流动态时，就有快递企业的一整套物联网系统在背后默默支撑；当我们在超市扫描价签结账时，商品的销售信息已实时传入超市管理系统。事实上，在工业生产领域，生产设备的所有数据——产量数据、生产线数据、作业数据等已经可以实时通过网络传输到企业IT系统中。在运输、入库、领用、制造、成品入库、销售等所有环节中，企业可在多个管理节点采集成本数据并传入数据仓库，从而使生产成本计算变得可追踪，计算结果更科学、合理，财务人员也能准确掌握生产线上各作业环节的成本消耗，并基于大数据和智能技术实现对成本的动态核算预测、控制和分析。

物联网是通过射频识别、红外感应器、全球定位系统、激光扫描器等信息传感设备，按约定的协议，把物品与互联网相连接，进行信息交换和通信，以实现对物品的智能化识别、定位、跟踪、监控和管理的一种网络。物联网包含感知层、网络层和应用层。感知层负责物品识别和信息采集，一般的二维码及标签、读写及视频设备、传感器等硬件基本属于感知层面的设备；网络层负责信息传递和处理，感知层获取的信息需要通过网络层传递到数据处理中心；应用层负责信息汇总、处理、分析、决策及应用，借助大数据、云计算等技术可以实现大量信息的存储和访问，不同的应用个体具有自身独立的应用系统，通过公共服务平台可大幅降低信息获取与处理成本。

物联网，顾名思义就是"物物相连的互联网"，它有两大特点：第一，物联网的核心和基础仍然是互联网，是在互联网基础上延伸和扩展的网络；第二，物联网的用户端延伸和扩展到在物品与物品之间进行信息交换和通信。

物联网将"现实的万物"和"虚拟的互联网"整合在一起，使人与物的信息能获得高效、智能的沟通，令精益化成本管理能够获得更深入的研究和应用。第一，物联网为成本管理提供了真实、完整、实时的数据基础。第二，物联网使生产成本计算变得可追踪，计算结果更科学、合理，财务人员也能准确掌握生产线上各作业环节的成本消耗，并实现对成本的动态核算和管理。第三，物联网实现了成本管理工作的自动化。从物联网获得的数据可以与 RPA（机器人流程自动化）技术相结合，进一步延伸以实现自动化流程，实现数据赋能业务，降低成本，提高效率。

一方面，新一代信息技术使得管理会计工作在一定程度上能实现自动化。例如，通过数据处理中心自动将收集来的物品位置、数量、状态、价值等变化，自动生成一系列原始凭证，很多常规的记账凭证甚至也可以依据这些原始凭证在信息系统中自动生成，这大大减少了会计人员的工作量，也在一定程度上提高了会计核算的客观性和准确度。另一方面，系统通过感应设备和技术，能够对物品自动识别、自动收集，并分析物品在企业生产经营管理的若干环节的物理和价值等信息变化，结合会计信息系统自动生成会计原始凭证和记账凭证，进而使成本管理工作在很大程度上实现智能化。

第三节　成本管理的突破

智能制造是一种由智能机器和人类专家共同组成的人机一体化智能系统，在制造过程中能进行智能活动，将制造自动化的概念扩展到柔性化、智能化和高度集成化。智能制造改变了企业的生产方式，继而使企业的成本结构、成本管理对象、成本环境都发生了变化。在智能制造的背景下，企业的成本管理将面临一系列新的挑战，并呈现出新的内涵。

一、成本管理的难题

（一）如何解决高质量与低成本的矛盾

随着新技术的发展，制造业的发展正在向智能制造转型升级。智能制造需要创造创新驱动、智能发展、质量成本和绿色制造四个新的优势。其中质量成本是影响智能制造的基础性因素。

早在几十年前，质量管理大师戴明就已把质量和成本的逻辑关系解释得十分清楚，但时至今日，我国许多企业仍存在观念误区，认为高质量必然导致高成本。实质上，产品成本不仅包括生产成本，还包括库存成本和返修成本等。综合来看，高质量未必带来高成本，而低质量可能引发高成本。当前，企业面对的是一个竞争日益激烈的市场环境，产品品质比以往任何时候都显得更重要。因此，如何在保持高质量的同时实现低成本就成为企业生存与发展的关键问题。

（二）如何在个性化、差异化的细分市场里达到成本最优

信息技术、大数据的发展改变了企业与客户之间的关系，减少了两者之间的信息不对称，加强了两者之间的相互联系和反馈，由此催生出消费者驱动的商业模式，孕育出大量新型商业模式。企业不再是产品的单向供应方，客户也不再是产品的被动接受者。双方由遥远走向贴近——企业可以通过大数据找到客户的共性需求，通过互联网响应客户的个性化需求。

但客户的哪些需求可以被响应，哪些需求应该被放弃，单件、单批次产品成本是多少，应控制在什么范围，研发环节是否能够承受加大投入，信息化、智能化制造设备的投资是否可行，材料成本需要控制在何种范围内……所有这些有关成本设计的问题，伴随着订单决策和产品设计的过程，都应迅速、及时、准确地给出答案。

（三）如何构建平台化企业的成本管控体系

随着移动互联网、物联网、云计算和大数据技术的发展，生产制造领域将具备收集、传输及处理大数据的高级能力。企业运行机制发生巨变，产业链分工被重构。无论是制造业的参与者角色，制造的理念、模式，还是驱动力，都在被颠覆与重构——通过信息的耦合和更广泛的供应商的参与，企业成为平台化、信息化管理的现代新型企业。

平台化的核心是"以用户为中心"，通过"去中介化""去中间化"让产销、供需双方依托平台的服务生态系统进行直接对接，简化价值链流程，实现数据共享。从管理上说，平台化企业带来了全新的组织架构和全新的运营模式，这必将改变传统的财务管理体系，包括传统成本管控体系等。成本管控不仅要延伸到整个商业生态系统，而且要深入到业务前端。成本信息的获得不仅要更快、更准确，还要更全面、更精细。

二、成本管理的突破

智能制造的核心是信息化、智能化和定制化，同时又侧重于加大研发投入、提倡绿色制造。站在企业内部考虑，新的智能制造模式需要精细化的成本核算体系提供详尽的成本数据，以帮助管理层进行生产设备改造投入和研发投入；定制化、个性化制造模式则需要企业能够准确核算单件、单批次产品成本以进行订单盈利分析和决策。这些都为成本管理的创新应用提供了广阔的空间。

（一）成本核算从规模化到个性化

众所周知，近些年企业进行成本管理时，往往会尽可能地提高自身的规模化复制能力，进行大批量的产品生产。通过"规模经济"降低单位制造成本、摊薄研发及管理费用，是现代企业成本控制的一个重要特征。

然而，智能制造时代较重要的特征之一便是个性化定制生产模式的兴起。这就对原有理念形成了根本性的挑战。在智能制造的大背景下，企业生产方式不再是大规模、批量化的，而是定制化、小批量的，这会显著减弱企业的规模效应，使得企业面临成本显著上升的风险。

在传统成本管理模式下，企业通常会根据成本计算对象，按照法规制度和企业管理的要求，并结合经验数据、行业标杆或实地测算的结果，对运营过程中实际发生的各种耗费按照规定的成本项目进行计算、归集与分摊。其中，确定不同成本计算对象的单位成本或平均成本，是传统成本核算的关键环节。

但在智能制造模式下，企业的产品大多是按照客户的个性化需求进行按单生产。在这种模式下，传统的大批量产品的平均成本和单位成本测算，已经变得不合时宜。这要求企业能够进行个性化的标准成本测算，准确核算单件、单批次产品成本，并进行成本归集与分摊，以帮助自身准确地进行订单盈利分析和决策。

（二）作业成本法迎来更大应用空间

近年来，随着企业经营环境的改变和先进生产技术在企业中的成功应用，企业的成本结构正在发生较大的变化：直接人工成本占产品成本的比例逐渐下降，而固定制造费用的比例大幅上升。70多年前，企业间接费用仅为直接人工成本的50％左右，而今天大多数企业的间接费用为直接人工成本的400％～500％；以往直接人工成本占产品成本的40％～50％，而今天在很多企业中这一比例不到10％。智能制造模式下，企业在自动化生产设备、技术研发、知识人才等方面均需大笔投入，这种变化趋势无疑还将增强，使得企业间接成本占比进一步提升，直接成本所占比例进一步下降。这一变化正在对成本的分摊、归集带来挑战。

智能制造的较重要特征之一便是个性化定制生产模式的兴起。而随着企业生产方式从大规模、批量化向定制化、小批量转变，企业的规模效应显著减弱，面临成本显著上升的风险。在这种环境下，如果企业继续采用早期的大批量生产条件下计算和控制产品成本的方法，用在产品成本中占比越来越小的直接人工成本去分摊占比越来越大的制造费用，分摊越来越多与工时不相关的作业费用，并忽略批量不同产品实际耗费的差异，必将导致产品成本信息的严重失真，干扰产品决策，引发决策失误。

由此，企业需要创新成本管理理念，建立一种新的成本分摊逻辑，动态地对成本进行个性化的计算、归集和分摊，以帮助自身准确地进行订单盈利分析和决策。作业成本法，便是一种合适的方法。作业成本法将成本计算深入作业层次，对企业所有作业活动追踪并动态反映，进行成本链分析，可以准确分配高额投入的设备投资、研发成本和人工成本等，在未来的企业成本体系中将拥有越来越重要的位置。

作业成本法对信息系统提出了较高要求，要求系统能够提供生产作业环节精细化、实时化的数据，并具有强大的数据采集、成本计算、成本分析、成本预测等功能。而物联网利用射频识别技术实时追踪整个领料、生产、入库流程，及时更新产品信息，从而使生产成本计算变得可追踪，计算结果更科学、合理，财务人员能准确掌握生产线上各作业环节的成本消耗，并实现对成本的动态核算和管理，为作业成本法的深入应用提供了技术支撑。基于智能制造时代对成本管理的现实需求，以及新一代信息技术提供的有力支撑，作业成本法必将迎来广阔的应用空间。

（三）成本管理迈向即时化和动态化

在传统的成本管理体系下，企业的成本控制大多是以日常生产经营活动为基础。无论是作业成本计算和产品成本计算，还是标准成本控制和本-量-利分析，其实都侧重于事后的成本管理控制。对事前的预测和决策的忽视，往往会导致成本管理难以充分发挥预防性作用。特别是在个性化、定制化的制造模式下，很多产品可能是一次性的，这意味着一旦产品在设计或生产的任何一个环节出现失误，其损失便不可挽回。这就要求企业进行全程、动态成本管理。

很长时间以来，受限于信息技术条件，企业的信息基础普遍较为薄弱，数据归集、挖掘和利用能力较差，这使企业很难针对成本的变动趋势提供即时性信息，几乎不具备动态管理的条件。然而，以人工智能、大数据为代表的新一代信息技术的快速发展使动态化的成本管理获得了关键的技术支撑。企业可以集聚内部"小数据"与外部"大数据"，实现对结构复杂、数量巨大的多维度成本数据的处理。同时，由于物联网等技术的大规模运用，企业产品的资源消耗、产量等各种信息都能够通过物联网准确、及时地传递到成本管理系统，帮助企业进行实时核算。这使得企业能够在产品设计、制造过程中对单件、单批次产品的实际成本进行及时、准确核算和计算，将各个单项合同的实际成本与目标成本进行对应，可以掌握产品从设计成本、制造成本到合约规划成本等各项成本的变化趋势，及时分析成本偏差出现的原因，促进后期对成本的更有效控制，为企业及时进行成本决策提供支撑，并确保产品盈利目标的实现。

（四）开展全周期、全链条成本管理

众所周知，过去传统的成本管理往往倾向于中间环节，重点关注对生产过程中料、工、费的控制，意在精打细算，强调就事论事。但在智能制造环境下，智能化使产品成本在设计阶段就已经被很大程度地固定下来，使得制造阶段成本可改善的空间与成果受到限制；而定制化让企业需要基于订单安排设计和生产，对产品进行全成本管控。因此，产品设计研发和销售在作业链两端变得越来越重要，中间端的生产环节相对弱化，只重视生产过程的成本核算而轻视设计研发和销售环节的成本核算已经变得不再适宜。

因此，成本管理不应再局限于生产耗费活动，而应将管理重心向前延伸到设计研发环节，向后扩展到服务环节，构建从需求、设计、生产再到销售、售后服务甚至产品回收再处置的全周期成本管理体系。

同时，随着近些年信息技术的快速进步，企业的生产和经营边界正在逐渐消失，企业产业链上下游的供应商、制造商、分销商以及零售商，通过物流、信息流，已经变为一个不可分割的有机主体。合理设计和管理各供应环节，有助于企业实现成本最优化。因此，企业在进行成本管理时，还需构建全方位的链条成本管理体系，从全产业链的角度开展成本控制。

（五）成本管理与商业模式和流水线相匹配

在平台化企业运营模式下，企业管理的触觉必须延展至整个商业生态系统，

企业成本的管理控制必须跳出内部组织而延展到外部环境之中。同时，在工业4.0时代，成本管理不再是单纯的管控，而已上升到成本设计和成本管控的耦合阶段。

由此，对战略成本进行规划设计和管理控制成为必然。基于商业模式的日趋复杂，以及流水线作业的日趋自动化、智能化，战略成本管理要更深入业务，实现与业务的更紧密结合，做到反映业务情况、引导业务发展，其运行要与企业的商业模式和流水线相匹配。

第四节 成本管理的创新模式

一、精益战略质量成本管理

生产制造环节对产品质量成本水平有着重要影响。生产设备的性能、技术标准的宣贯、工序间部件的检验检测、作业组织方式、质量防错装置等，都是影响产品质量和降低质量损失的关键因素。精益制造中的质量成本控制方法主要是准时化生产和自动化。准时化生产和自动化是精益战略质量成本管理（见图5-1）的两大支柱。

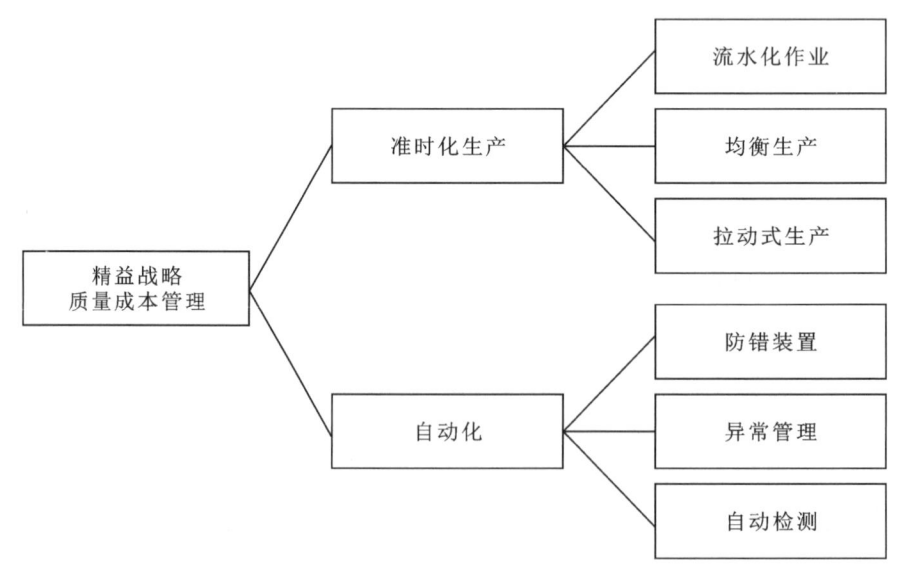

图5-1 精益战略质量成本管理

准时化生产是精益化生产的主要支持技术。它强调生产部门生产的准时性，按顾客需要的时间、数量提供质量合格产品，保证交货的及时性。要求生产部门内部工序间生产的零部件既不能提前投产造成库存积压浪费，也不能滞后生产造成下道工序误工损失。准时化生产具体有以下几方面要求。

第一，流水化作业，即连续流生产。通过流水式生产，人员、设备、工序之间可以有效协同，产品质量能得到保证，内部质量损失得到降低。对原有生产设备、生产线按流水线的生产方式进行重新布局，减少工序间传递的时间和距离，如采用 U 型生产单元布局，培养多技能的操作工人等方式，提高设备、人员的生产效率。

第二，均衡生产。对生产方式进行变革，实现小批量、按生产节奏均衡生产。随着互联网营销模式的发展，批量生产时代正逐渐被适应小批量、多品种的生产组织形式所替代。要保持工序间的平衡协作，防止工序间生产组织的不严谨造成产品部件无法配套，工人闲忙不均造成存货积压和人工浪费。

第三，拉动式生产。"拉动"就是以客户需求为动力源，由客户需求对产品供给进行拉动，企业内部形成以销定产、看单排产的生产组织方式，防止没有订单就排产或者超订单排产的情况出现，从而减少在制品和产成品库存积压，压缩生产周期。当然，这对企业生产组织、技术支持、材料供应、人员配备均提出较高要求，提高整体协作能力。要求企业在接到客户订单时，要快速响应，密切协作，在最短的时间内按客户需求提供产品。生产组织内部实行看板管理，后道工序将需要的部件和时间写在看板上，前道工序依照看板进行提供，由后道工序往前一道工序进行拉动，道道相扣，形成整体拉动式生产组织体系。

自动化是精益战略质量成本管理的另一支柱技术，通过安装防错装置，使设备能自动控制异常情况。防错装置包括信号防错装置和控制防错装置。信号防错装置可以在检测到质量问题时发信号报警，为员工分析和解决问题提供帮助；控制防错装置则是在检测到质量问题时自动切断电源，强制停机，直到问题部件被移除为止，以避免不合格品流向下一道工序。自动检测分为后继检测和自我检测，后继检测主要检查上道工序的质量问题，自我检测主要检查本道工序的质量问题。这种质量检测突破了日常质量控制的事后检查，变为事中质量控制，对于减少质量损失、加快产品产出等将起到重要作用。自动化为精益质量成本管理提供了强有力的保障和支持。

二、供应链质量成本管理

由内部职能管理向客户、供应商等外部关系延伸，使质量成本管理由企业内部职能管理延伸到企业外部客户和供应商管理，打通上下游质量管理瓶颈，可以让质量管理与供应链管理更好协同。供应链流程管理将客户需求通过企业向上游产业传递，保证了质量成本流程管理的有效性和完整性。供应链质量成本管理模式主要有十个技术支柱，包括质量控制、成本分解、安全、聚焦改善、自主维护、专业维护、物流、人员发展、环境、设备管理等，质量控制和成本分解对供应链质量成本管理有重要影响。

（一）供应链质量管理

质量控制重点包括五个方面的内容：供应商的质量绩效、制造质量、数据质量、预防维修绩效、质量成本绩效。与传统质量管理相比，供应链质量管理更加重视供应商质量、质量成本绩效和数据质量，认为供应商数量不是越多越好，而是越少越好。明确把供应商质量成本绩效作为质量绩效评估的重要内容。强调以事实和数据说话，而非仅仅基于经验和直觉做决策，对数据质量有着很高的要求。

（二）供应链成本管理

供应链成本管理对成本驱动因素的理解与常规管理会计理解有明显不同，它更强调生产活动对成本费用的影响，如供应商数量、产品零件数量、生产批量、订货次数、订货批量、工艺路线、在制品距离、设备设置时间等。从生产批量、订货次数、在制品距离等因素来看，"世界级制造"与精益制造的理念是一致的，注重供应链经济性管理，要求有合理的经济订货批量，在制品距离要合理，便于生产加工，认为产品零件越少越好，而不是越多越好，满足客户需求的零部件数量是最合理的。

（三）供应链过程管理

供应链过程管理体现了战略质量成本管理思想，不仅注重企业常规流程的质量成本管理，而且注重供应链流程和研发流程的质量成本管理。它主要用于查找质量成本问题发生的原因，确定质量问题优先级别和重点突破方向。随着社会化分工协作的细化，上游供应商来料质量成为影响产品质量的重要因素。供应链过程管理要求加强供应商质量管理，保障来料质量，提高生产效率。

第六章

管理会计工具创新：绩效管理的更好追求

管理会计的目的不仅包含做出正确的战略、富有效率地实施生产作业流程以及更加高效适时地解决各类成本核算和利润实现中遇到的问题，而且包含保证组织内部员工的协调管理，能够让企业和部门正常稳定可持续运转。不管经营者和管理者做出的决定是如何完美、如何切合实际情况，如果没有组织内部各个层面的员工的正确理解并且团结协作，那么这些都是徒劳的。因此，一个正确的评价体系就显得十分必要，是对管理会计和人力资源管理两个方面都非常重要的研究课题。

第一节　两大目标下评价系统设计的关键

企业和部门的各层管理者应当对生产业务流程中的行动和成果进行客观精准的测定，做出正确的评价，才能让员工保持正确的前进方向，让他们感受到自身处于一个和谐协调、透明公平的工作环境中，他们才有积极主动的工作热情。因此，应当有明确的业绩评价和考核目标，并且有一套完善的评价体系，根据既定规范、标准对每位员工的工作成果进行精准测定，并有相应的奖惩机制，给予他们奖金或没有障碍的晋升通道，才能保持组织内部的工作活力，取得预期的利润。这就是激励性的管理会计的本质所在。

一、激励性的管理会计的两大目标

与目标和战略相一致和提高工作积极性是激励性的管理会计的两大目标，第一个目标是让组织内部的员工明确理解管理者层面提出的战略规划和生产经营目标，让他们与管理者能够保持一致性行动，明白自己在组织中所处的位置，自身的职能和岗位职责，如何通过合理的行动实现自身的目标；第二个目标就是在第一个目标的基础上，调动组织内部员工的积极性，让他们的工作效率更高，保证在既定的期限内能够顺利完成自己的工作目标，正确履行自己的工作职责。

在激励性的管理会计的目标中，展示战略方向让每位员工能够正确理解把握和让员工按照战略方向前进并保持工作积极性应当同时进行，缺一不可，才能发挥效果，实现组织的战略规划目标。

二、评价系统设计的关键

评价系统设计的关键在于实现激励性的管理会计的两大目标，使得组织整体能够保持极高的运行效率，稳定正常可持续发展。虽然这是每个企业追求的应有状态，也是管理者期望的情形，但是在实际的评价体系实施中未必如人所愿，往往会有很多不尽人意的地方。因此，在评价系统设计中应当注意以下关键因素。

（一）有关业绩评价单位的问题

如果我们单纯地以获得利润作为关键绩效指标（KPI），并作为评价体系的支撑，那么，可能对于生产活动单一的中小企业更适合。如果组织机构庞大，以什么单位进行奖惩就是一个很难抉择的问题，特别是各个部门之间的协作性较强，分别承担了一个生产运营流程的一个步骤或者几个步骤，如果采取较为单一的绩效指标，就会很难界定个体之间的业绩差异性。是以部门层级、班组层级、个人层级，还是以特定产品服务的团队层级，不同评价单位之下对员工产生的影响可能不尽相同或者说差异性很大。我国国有企业常常采取的办法是按照全企业的业绩占比、部门的业绩占比、个人的业绩占比这样不同的单位进行测定，然后通过事先确定的比例进行加权计算。比如，某个企业，总经理100％以全企业的最终利润进行评价，而不同层次的员工将其分解为与自身业务有关联性的关键绩效指标进行评价，实际上，最终的评价结果仍然脱离不了按照级别定位和相同层级差异不大的情形。因此，如何选择合理的评价单位，如何界定不同部门各自的业绩贡献，需要根据企业自身实际和行业差异性进行精准的区分。

（二）成本中心与利润中心

企业以盈利为目标，在考虑业绩评价的时候最为重要的概念就是成本中心和利润中心，也就是对成本负责的部门和对利润负责的部门，我们在实际中往往以生产经营性部门和非生产经营性部门进行基本的区分。以便能够更好地对成本中心和利润中心进行识别。明确两者的好处在于，可以让之前只是单纯进行生产或者采购运输等业务的部门的员工能够对成本和利润之间的关系产生直观的认知，并能对自身的职能和责任所在进行清楚的定位，他们就会主动采取更好的办法控制成本，提高生产效率，能够创造出更多利润。俗话说得好，"重赏之下必有勇夫"。特别是在建筑施工项目中赶工期，如果有明确的激励机制和奖惩办法，很多预期达不到的目标会有意想不到的成果。

（三）合理转移价格

对于国有企业内部，以往我们过多强调员工激励和生产业务流程的改进，对于企业内部的产品和服务交易价格没有过多考虑。如果想对企业内部各个部门之间的业绩进行更加客观真实的反映，就应当对它们之间的内部业务往来进行定位，对产品或服务确定交易价格。比如，我们将一家企业简单地划分为生产部门和销售部门，作为产品生产制造的部门将产品采取一定的价格转移到销售部门时进行单位产品的定价，这个价格可以称之为转移价格或者企业的内部交易价格。如果转移价格过低，销售部门可能采取大幅降低市场价格的战略占领市场，使得自身利益最大化，那么生产制造部门就会因为获取利润过低而产生不满。如果转移价格过高，销售部门在市场遭遇障碍，卖不出更多的产品，就会产生相反的结果。

第二节　业绩评价指标与流程

业绩评价与激励是企业管理控制系统的核心部分，对企业不同层级的管理人员和部门都需要设计财务业绩衡量指标和非财务业绩衡量指标。近年来，业绩评价实践呈现三种新的发展趋势：一是对业绩评价中使用经济增加值指标的关注；二是在业绩评价中使用非财务指标和平衡计分卡方法；三是政府机构等非营利组织对业绩评价问题日益重视。

一、业绩评价方法及演进

传统的业绩评价以财务指标为核心，通过编制预算，设定投资报酬率、利润、现金流量和各种财务比率，比较实际指标与预算指标的差异，并据以进行业绩评价和奖惩。以财务会计指标为核心的业绩评价，可能会诱导管理层做出目光短浅的决策，强调决策的近期影响，而不能明确地将短期运作和长期战略联系起来，使企业管理过分关注短期业绩，牺牲了对组织更为重要的对长远发展的思考。现代组织处于快速变化和高度竞争的环境中，传统的业绩评价对决策的指导作用已经越来越小，仅仅依靠货币的财务指标已不能有说服力地反映当前的资源配置对未来财务业绩的意义。

20 世纪 90 年代以来，企业预算的作用日趋减弱，出现了改进预算和超越预算等新的理论和方法，新的财务指标相继出现，非财务指标在业绩评价体系中也越来越重要，并且强调创新、学习和知识资本等无形资本的评价。业绩评价体系结构包含的内容越来越丰富，出现多维指标。

二、业绩评价指标体系的建立

（一）业绩评价指标体系设计

进行科学的业绩评价的关键是设计一套合理的业绩评价指标体系，一般来说，设计业绩评价指标体系应考虑以下因素。

第一，明确的管理责任。在进行行业绩评价时首先要明确评价对象的管理权限和责任，以可控性为标准。业绩评价只能以评价对象可以控制的因素为限，评价对象不能控制的因素应该排除在衡量指标之外。

第二，财务指标的代表性。所选取的财务指标应该具有代表性，能够全面地衡量财务业绩，一般应包括收入增长率、利润、现金流、投资报酬率在内。

第三，非财务指标的应用。业绩评价不能只关注财务指标，应该同时考虑与企业各个经营层面（如行政、生产、营销、财务、研发、人力资源管理等）相关联的非财务指标，以提高业绩评价的全面性和准确性。

第四，符合长远利益。一般绩效评价很容易使各部门和经理只顾眼前利益，忽略长远计划。设定评价指标时应注意与企业长远战略和发展结合起来。

（二）业绩评价的财务与非财务指标

传统的以财务为核心的考核体系更适合比较稳定、复杂度较低的环境，而不适合如今许多组织面临的剧烈变化和激烈竞争的环境。不断增长的全球竞争和全面质量管理已经扩大了非财务指标的要求，对财务指标的批评凸显了非财务指标在业绩评价中的重要性。但非财务指标不可能取代财务指标，非财务信息对财务信息起到补充作用，仅仅靠财务信息已经不能满足现代企业的业绩评价要求，不能支撑新的战略管理思想。为了克服财务指标过于综合和滞后的弊病，获得更及时、更具体、更详尽的信息，许多企业的业绩评价把财务指标和非财务指标结合起来，用非财务信息作为财务信息的补充。表 6-1 和表 6-2 为 1993—1994 年美国 317 家企业 CEO 业绩评价指标的统计信息。

表 6-1　使用各种财务指标的公司在全体样本（317 家）中的比例表

指标	使用率（%）	指标	使用率（%）
营业利润（税前利润）	25.3	现金流	12.8
净利润	2.2	每股盈余	28.5
销售收入	13.7	经济增加值	0.9
资本投资回报率	5.4	资产回报率	9.6
权益回报率	19.5	销售收益率	3.8
股价回报	4.4	成本降低	7.6
未指明的财务指标	3.2	其他财务指标	12.1

表 6-2　各种非财务指标在使用非财务指标样本（114 家）中的比例表

指标	使用率（%）	指标	使用率（%）
客户满意度	36.8	员工满意度	8.7
产品或服务质量	21.0	效率或生产率	14.9
雇员安全	16.6	市场份额	11.4
非财务战略性目标	28.0	过程改进与再设计	8.7
新产品开发	6.1	创新	2.6

三、业绩评价流程

成功的业绩评价除了指标体系的构建，还需要考虑业绩评价过程中所表现出来的一系列控制系统的重要特征。首先，控制成本的关键在于评价目标应该具有挑战性和可实现性，没有这样的明确目标，业绩就会低于其理论上可以达到的水平；同时，业绩评价过程应该通过及时的反馈，引导积极的组织行为，并确保员工的行为与组织战略目标一致；最后，为了建立目标责任，业绩评价结果应该与及时和容易理解的报酬和奖惩联系起来。业绩评价与控制流程如图 6-1 所示。

（一）业绩评价标准

通过设立业绩评价标准，可以把实际业绩指标与标准指标相比较，依此判断任

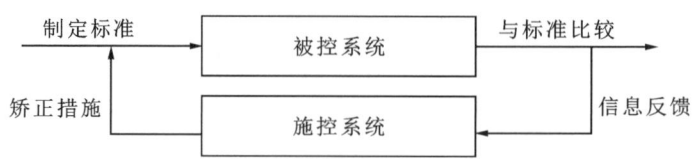

图 6-1　业绩评价与控制流程

务完成的好坏，作为奖惩的依据，并促进更高绩效实现。业绩评价标准的设立应该具备以下几个要点：

第一，标准要具有挑战性；

第二，标准要经过努力可以实现；

第三，标准要透明且广为人知；

第四，标准要尽可能量化，不能量化的要具体明确；

第五，标准应该将刚性和柔性要求结合起来。

在实际设定业绩评价标准时，通常有三种方法：一是预先确定好的标准，即预算标准；二是历史标准，以组织以前最好或优良业绩作为现在的标准；三是外部标准，把同类企业或部门的实际业绩作为本企业或部门业绩的评价依据。

（二）计量与反馈

设立标准以后，就可以在经营过程中计量实际业绩，并与标准相比较，把信息反馈到管理层，核算和分析差异，提出改进绩效的措施。

（三）奖惩制度的依据

业绩评价的结果将会被作为奖惩制度的依据，奖励业绩好的，惩罚业绩差的，以达到控制组织与员工行为、促进企业目标实现的目的。

第三节　平衡计分卡

一、平衡计分卡概述

（一）信息时代的企业经营

目前企业正处于转型当中，传统的工业时代和成本财会模式下的管理已经不能适应信息时代的要求。信息时代的企业建立在一系列新的经营假设之上。

1. 跨职能

工业时代的企业经营通常是通过制造、采购、销售、研发等职能的专业化分工来实现的。但是在信息时代，企业经营需要通过一体化的业务流程来贯穿传统的业务职能。

2. 连接客户和供应商

信息技术使企业能够将供应、生产和交货等过程一体化，从客户订单到上游原料供应商的一体化系统要求企业与客户和供应商保持紧密的联系和沟通。

3. 客户细分

现代市场竞争激烈，客户个性化需求越来越多。对于想要保持竞争优势的企业来说，必须细分市场和客户，学会为不同的客户提供不同的产品和服务。

4. 全球规模

伴随经济全球化，跨国公司迅速扩大国际市场。国界已经不能阻拦高效率、反应灵敏的外国公司的竞争，现代企业处于全球竞争的环境下。

5. 创新

在技术进步日新月异，产品生命周期不断缩短的情况下，参与竞争的企业必须具备洞察客户需求、迅速开发全新产品和服务的能力，创新的要求越来越高。

6. 知识型员工

20世纪末，自动化和生产效率的提高使得企业中从事传统劳动的员工数量下降，而从事工程、营销和管理等工作的人员增加。现代企业员工的素质全面提高，对企业管理提出了新的要求。

（二）平衡计分卡

平衡计分卡正是在新的环境下产生的。面对激烈的竞争，企业管理者必须寻找能够引导其在未来竞争中获胜的工具，平衡计分卡将企业的愿景和战略转化为一套全面的指标和可执行的行动，这些指标为战略衡量和管理系统提供了框架。平衡计分卡仍然重视实现财务目标，但是也兼顾了财务目标的业绩驱动因素。平衡计从四个平衡的层面衡量企业的业绩，包括财务、客户、内部业务流程、学习与成长，这四个层面组成了平衡计分卡的基本框架。

图 6-2 展示了平衡计分卡把企业战略转化为行动的框架结构。平衡计分卡把经营单位的一系列目标拓展到概括性的财务指标之外。公司管理者能够衡量自己的经营单位如何为目前和将来的客户创造价值，如何优化内部业务流程并投资于企业的人力资本、系统和程序，以改进未来的业绩。平衡计分卡卓越的能力体现在：一方面保持了对财务业绩的关注；另一方面可以明确揭示财务和竞争业绩的驱动因素。

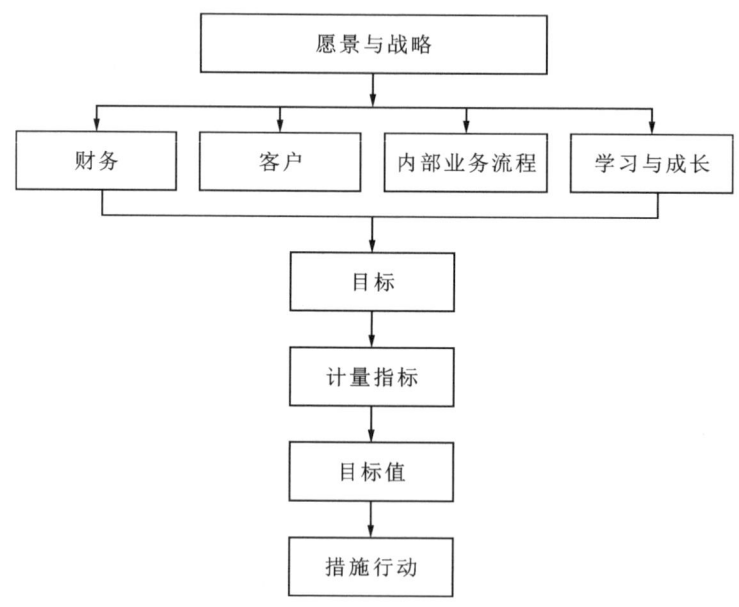

图 6-2　平衡计分卡——战略实施流程图

二、平衡计分卡的基本框架

（一）平衡计分卡与业绩评价

平衡计分卡不仅仅是一系列重要的业绩衡量指标的集合。平衡计分卡的业绩指标来源于公司的愿景、战略和目标，这些指标体系综合吸收了结果指标和前导指标、客观指标和主观指标、内部指标和外部指标以及财务指标和非财务指标。所有设定的业绩评价指标必须与组织的战略相联系。这样做可以为一个企业建立重要的竞争优势。平衡计分卡作为一种综合的业绩评价体系，主要从四个视角来考虑和评价企业的业绩，即财务视角、客户视角、内部业务流程视角以及学习与成长视角。由这四个视角形成的业绩评价体系如图 6-3 所示。

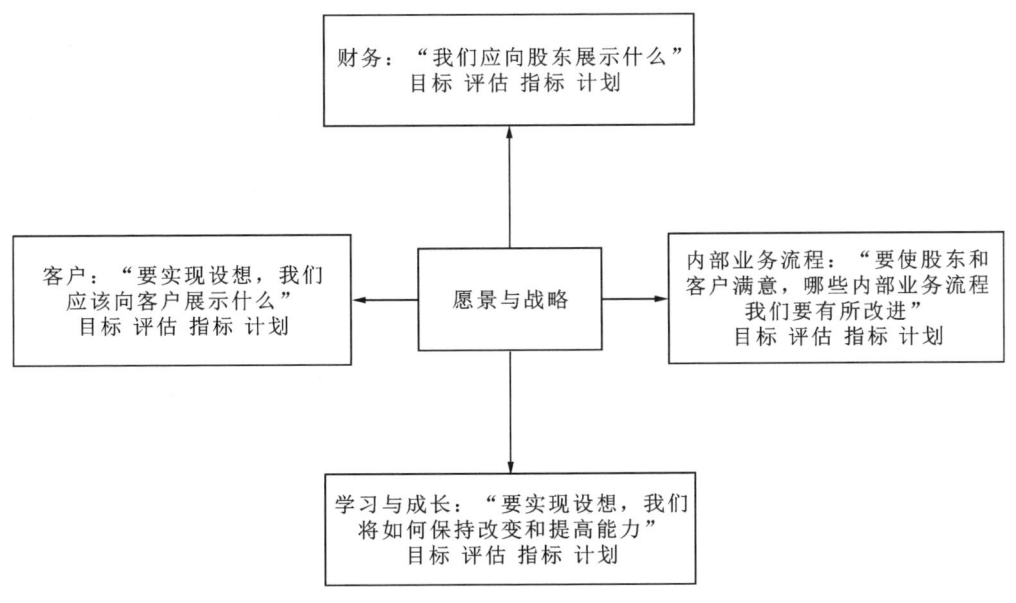

图 6-3　平衡计分卡的基本框架

这四个视角从不同方面诠释了组织的战略目标。此外，存在于其中的因果关系链涵盖了平衡计分卡的四个方面，表明这四个视角结合在一起构建了完整的、有内在联系的、一体化的业绩衡量指标体系。因果关系链假设是实现战略的基石，例如，资本报酬率可能是平衡计分卡的财务指标，这一指标的驱动因素可能是客户重复采购和销售量的增加，而这二者又是客户忠诚度高带来的结果。因此，客户忠诚度被纳入平衡计分卡的客户视角，预计不同的客户忠诚度将会对资本报酬率产生重要的影响。企业如何获得较高的客户忠诚度？对客户需求和偏好的分析显示，客户比较重视按时交货率这个指标。因此，按时交货率的提高会带来较高的客户忠诚度，进而引起财务业绩的提高。于是，客户忠诚度和按时交货率都被纳入平衡计分卡的客户视角。类似因果关系链假设贯穿平衡计分卡的整个体系，这正是平衡计分卡能把战略转化为行动的魅力所在。平衡计分卡指标体系成为一种把企业的战略明确诠释和传达给经理和员工的工具，有利于促进经理和员工的行为与组织目标和愿意保持一致。下面将详细介绍平衡计分卡的四个视角，以说明其在开发业绩评价指标时的作用。

（二）从财务视角分析平衡计分卡

平衡计分卡的财务视角明确了企业短期和长期财务业绩的目标，测量盈亏底线，如增长率、投资回报率以及其他传统财务指标。虽然财务指标的及时性和可靠性受到质疑，但是财务指标不会被其他指标完全代替，原因主要有两点：一是精心设计的财务与控制系统，确实能增强而不是阻碍组织总体管理规划；二是企业战略目标的实现和经营绩效的改善与财务上的成功之间存在紧密联系。不同类型企业的财务目标的重点可能不同，因此在确定业绩评价指标时应该有所选择。成长型企业的财务目标的重点是销售额的增长，为此要保证充分的开支水平，这类企业通常使用的业绩评价指标为销售收入的增长率、目标市场占有率等。稳定型企业的财务目标的重点是获利能力，为此要不断扩大投资和规模，这类企业通常使用的业绩评价指标为经营收入、毛利率、资本回报率和经济增加值等。成熟型企业的财务目标的重点是现金流量，为此要不断提高现金和利润的金额，这类企业通常使用的业绩评价指标为现金流量、营运资本占用率等。一般情况下，财务视角的业绩评价如表 6-3 所示。

表 6-3　财务视角的业绩评价

目标	业绩评价指标
收入增长：	
新产品数量的增加	新产品收入所占比例
实现新应用	产品新应用收入所占比例
开发新客户和新市场	新来源收入所占比例
采用新价格策略	产品和客户的获利水平
成本降低：	
降低单位产品成本	产品单位成本
降低单位客户成本	客户单位成本
降低渠道成本	每条渠道成本
资产利用：	
提高资产利用率	投资回报率
	经济增加值

（三）客户视角

平衡计分卡的客户视角通过客户如何感觉企业提供的价值来衡量绩效。客户应该处于企业优先考虑的地位，因为无论是学习与创新，还是内部经营过程，企业创造的价值只有在得到客户认可时才有意义。客户视角的业绩评价如表 6-4 所示。

表 6-4 客户视角的业绩评价

目标	业绩评价指标
核心指标：	
提高市场份额	市场占有率
提高客户保持率	现有客户带来的业务收入增长比例
提高客户获得率	新客户数量
提高客户满意度	客户调查各指标情况
提高客户获利率	客户盈利情况
客户价值：	
降低价格	价格水平
降低售后成本	售后水平
提高产品功能	客户调查各指标情况
提高产品质量	产品退回率
提高送货质量	及时送货率、循环周期
提升产品形象和声誉	客户调查各指标情况

客户和服务的情况可以从产品的功能、质量、价格和送货时间来评价；形象和声誉可以通过广告和产品质量来提升；同客户的关系可以从满足客户要求做出及时反应的时间、交货期的长短、对客户购买产品感觉的把握等方面来改善。

（四）内部业务流程视角

平衡计分卡的内部业务流程视角衡量公司创造价值的程序的有效性。只有有效的管理程序才能使公司保持竞争能力或成为具有竞争能力的公司。内部业务流程的核心问题包括确定整套有关内部业务流程的价值观念；确定客户目前及将来的需求，并根据这些需求发展新的客户；在经营过程中向现有的客户提供有价值的产品和服务；提供充分的售后服务；使客户获得产品和服务增值。总之，对于内部业务流程的评价应当以为客户创造价值、提高客户评价为目标，它是公司内部必须做什么才能实现顾客预期的评价指标。每个企业都有自己独特的创造客户价值和产生财务结果的流程，但是一般都可以纳入通用内部价值链模式。

表 6-5 列示了内部业务流程业绩评价的主要指标，这些指标根据内部业务流程的价值链来确定。根据不同的流程价值创造方式，分别设立不同的衡量指标。为这些流程建立目标和指标可以把企业战略转化为经营目标，通过内部业务流程为客户和股东创造新的业绩和价值。

表6-5　内部业务流程视角的业绩评价

目标	业绩评价指标
创新：	
增加新产品的数量	计划及实际推出新产品的数量
增加专利产品的数量	专利产品收入占总收入比例
减少新产品开发时间	产品上市时间（从研发到投放市场）
经营：	
提高过程质量	质量成本
	产品合格率
	残次品比率
提高过程效率	单位产品成本变动趋势
	产出/投入
缩短过程时间	循环周期和速率
	流程时间
售后服务：	
提高服务质量	产品一次性合格率
提高服务效率	成本变动趋势
	产出/投入
降低服务时间	循环周期

注：流程时间＝过程时间/（过程时间＋运输时间＋检验时间＋等待时间）

（五）学习与成长视角

平衡计分卡的学习与成长视角计量推出新产品、新服务和新生产技术的频度，由此确保公司克服自满，不断创新。平衡计分卡以客户为基础的评价指标和内部业务流程评价指标，确定了公司对竞争对手的重要参数。但是，成功的指标在不断变化，激烈的全球性竞争要求公司不断改进现有产品和程序，在引入新产品方面具有较大的潜力。

人是企业创新能动性的根源，所以这个指标必然与员工密切联系。为了提高公司的创新能力，必须激发员工的积极性和提高员工素质。前者与公司提供给员工的奖励、福利等有关，后者既包括文化素质，如内部伙伴关系、团队精神、知识共享等，也包括个人综合素质，如领导能力、技能应用能力，这些都离不开公司有效的培训机制。学习与成长是实现平衡计分卡其他三个方面目标的动力来源。学习与成长视角的业绩评价如表6-6所示。

表6-6　学习与成长视角的业绩评价

目标	业绩评价指标
提高员工素质	员工满意度
	员工离职率
	员工人均收入（收入/员工数量）
	培训时间
	战略工作胜任率（重要性岗位需求被满足率）
增强激励和协作	员工人均提出建议数量
	员工人均提出建议被采纳数量
加强企业信息系统能力	程序及时反馈率
	接待客户的员工能在线获得客户和产品信息的比例

（六）平衡计分卡的应用和评述

平衡计分卡的设计，相对于简单的比率分析和一般的业绩评价系统而言，具有的优势是，它能够详细阐述企业战略并通过平衡计分卡的系统把战略转化为可执行的行动。这种优势使其成为战略管理的一种有效的工具。具体来说，平衡计分卡可以在战略管理的以下环节发挥作用。

1. 使目标和战略具体化

平衡计分卡四个视角的内容设计，有助于企业各级管理者就组织的使命和战略达成共识。传统的战略管理只是提出企业未来一个模糊的战略目标，但是缺乏把战略目标转化为具体行动的具有指南意义的管理方法。而平衡计分卡将组织的目标和战略细化为财务、客户、内部业务流程、学习与成长四个方面，形成一系列为企业各级管理者认可的测评指标和目标值，充分描述了为实现企业的长期战略目标应当注意的成功推动因素。

2. 促进沟通和联系

平衡计分卡使企业管理者能在组织中对战略上下沟通，并将其与各部门的目标联系起来。在传统的业绩评价方法中，对各部门根据各自的财务业绩进行测评，个人激励因素也只是与短期财务目标相联系。平衡计分卡使管理者能够确保组织中的各个层次都能够理解长期战略，而且使各个部门的个人目标与此一致。

3. 辅助业务规划

平衡计分卡使公司能够实现业务规划与财务规划的一体化。在变革的环境中，几乎所有的公司都在实践种种改革方案，每个方案都有自己的领导者、拥护者和顾问，都在竞相争取高层管理者的时间、精力和资源支持。管理者发现，很难把这些不同的新举措组织到一起，从而实现企业的战略目标。这些状况常常导致各个方案实施结果都令人失望。但是，当企业管理者利用依照平衡计分卡方法制定的战略目标作为分配资源和确定优先顺序的依据时，其只采用那些能够推动自己实现长期战略目标的新措施，并注意加以协调。

4. 增强战略反馈和学习

平衡计分卡赋予公司一项新的能力，即战略学习的能力。现有的反馈和考评程序都注重公司及其各部门、成员是否达到了预想中的财务目标。当管理体系以平衡计分卡为核心时，公司就能从客户、内部业务流程和学习与成长视角来监督短期结果，并根据最近的业绩评价战略实施情况。因此，平衡计分卡使公司能够修正战略，以随时反映学习所得。

三、平衡计分卡的实践和评价

平衡计分卡为管理层提供了一个新的工具，使其能够把注意力放到争取长期成功的战略上，这一重要任务迄今为止一直难以实现。通过确定一个企业应该全神贯注和集中资源的最重要目标，平衡计分卡为将企业事务、信息和各种重大管理流程组织起来的战略管理系统提供了一个框架体系，在这个体系中，每一部分都能够与战略相连接；财务、内部业务流程、学习与成长，都与实现长期财务业绩息息相关；部门、团队和个人的目标也都与实现战略业绩相一致；这种战略也决定着资源分配、战略行动方案和年度预算；管理回顾则成为反馈和学习战略的机会。平衡计分卡并没有抹杀财务指标在管理体系中的作用，它把财务指标纳入一套更为平衡的管理体系中，从而把短期经营业绩同长期战略目标连接起来。

企业采用平衡计分卡出于各种各样的原因，包括阐明战略并达成共识，重视企业的改革行动方案，开发战略业务单位的领导能力，以及获取跨业务单位的协调和经济效益。通常，企业最初建立的平衡计分卡都能够达到这些目的，但是要想建立一套适合企业自身的平衡计分卡体系并让其发挥作用并不容易。一般来说，企业建立平衡计分卡主要应包括以下几个步骤。

（一）确定衡量结构

经过企业高层管理者的商讨以后，首先，必须确定适合建立高水平平衡计分卡的战略业务单位，大多数公司多元化程度较高，因此很难一开始就建立公司层级的平衡计分卡。第一个平衡计分卡流程应该在一个战略业务单位进行，最理想的战略业务单位应能从事跨越整个价值链的创新、经营、营销、销售和服务等活动。该战略业务单位应该拥有自己的产品和客户、市场和分销渠道、生产设施；也应该比较容易构筑总括性的财务业绩指标，而不涉及与其他业务单位的复杂的产品和服务成本分摊与价格转移。其次，要认识战略业务单位与总公司、分公司以及其他业务单位之间的关系。

（二）建立对战略目标的共识

公司的高层管理者要在充分掌握信息的基础上，达成对战略目标的共识。这些信息包括平衡计分卡的背景资料、公司和战略业务单位的愿景和使命、战略业务单位的产生和竞争背景资料（如市场规模和成长趋势、竞争对手和竞争产品、客户偏好和技术发展）以及企业自身现有的实际状况。管理者对战略目标的意见要深化到财务、客户、内部业务流程及学习与成长等四个层面，总结共同关注的目标和指标。

（三）选择和设计指标

平衡计分卡选择具体指标的根本目的是，确定哪些指标能传达战略的真正意图。既然每个战略都是独特的，那么每个平衡计分卡也应该与众不同且包含几个独特的指标。确定平衡计分卡指标的一个关键是选择业绩驱动因素，即那些能够触发行动并能使核心结果指标达到目标的指标。每个层面的指标设定应该做到：列出一组指标并对之详细说明；说明如何量化并表现每个指标；阐明同一个层面内部的指标是如何相互连接的，以及它们与其他层面的指标是如何连接的。

（四）制订实施计划

经过上述步骤后，企业最高管理层正式决定挑战性目标值并制订实施计划。实施计划应包括如何把指标与数据库和信息系统相连接，如何向企业传达平衡计分卡，如何鼓励、协助分权单位开发下层衡量指标。完成这个阶段的任务之后，就可以把业务单位的上层衡量指标和下层具体经营指标连接起来，组成一个全新的执行信息系统。

表 6-7 显示了美国一家咨询公司在 2016 年对 60 家公司实施平衡计分卡状况的调查结果。从表中可以看出，在实施平衡计分卡的企业当中，平均来看，财务指标的权重远远高于其他各层面业绩指标的权重，似乎非财务指标在业绩评价中还处于相对辅助的位置，各层指标之间的平衡并不很容易实现。在平衡计分卡的实施过程中，最大的问题似乎还是在多重指标之间关系的处理，尤其是定性的非财务指标量化问题。因此，平衡计分卡的研究和实践都有待进一步完善和提高。

表 6-7　平衡计分卡在 60 家公司实施的情况

各类指标				权重
财务				56%
客户				19%
内部业务流程				12%
学习与成长				5%
其他				9%
平衡计分卡方法中使用的业绩指标类型（所有使用类型的总和）				
公司层面				57%
分部或集团				65%
辅助部门				22%
其他（如团队等）				22%
报酬中应用平衡计分卡的情况				
用于激励性报酬奖金				37%
用于评价业绩但不决定激励性报酬奖金				15%
不用于激励性报酬奖金但考虑财务和运行指标的差异				33%
同样得分用于所有人				23%
最高执行官也包括在平衡计分卡计划中				37%

平衡计分卡实施问题（反馈百分比，$n=57$）（1 代表无问题，5 代表主要问题）

	1	2	3	4	5
很难评价指标的重要性（%）	2	25	35	29	9
花费时间和费用（%）	7	25	43	20	5
需要把定性问题量化（%）	7	18	30	36	9
大量问题冲淡了总体效果（%）	9	23	25	36	7
目标很难分解到底层组织（%）	12	18	36	25	9
需要高度发展的信息系统（%）	13	18	25	35	9

总的来说，与传统的业绩评价指标体系相比较，平衡计分卡更好地适应了现代经济环境的要求，反映了现代经济环境下企业管理的需要。当然，在现实应用的过程中还有许多亟待解决的实际问题值得我们去探索。

第四节 业绩评价与薪酬

平衡计分卡作为一个系统全面的业绩评价指标体系，为不同行业领域的企业提供了合理的框架结构，让管理者能够更好地结合企业实际情况对各个层面的员工的综合技术业务素养进行衡量。不同类型的指标和选择，不同管理者的风格差异，可能使得评价体系差异很大，因此，有必要从动态的视角，从业绩的目标水平和需要反馈的时间周期进行说明，以便为不同管理者的评价体系建构提供一定的参照。

一、业绩目标水平的选择

历史成本基础下的会计指标往往会使新投资项目的经济效益产生一定的偏差，有时候甚至会对新项目的实施进度产生负面影响。因此，管理者在新项目实施进度的员工业绩评价中，既要参照以往的项目，同时还要结合新项目的各种实际情况，进行投资回报率的目标值确定。比如在建筑企业的各个项目实施中，如果我们认识到政策变化带来了环保标准不断提升和要求更加严格，违规风险加大，那么我们就更应该加强对这类风险的管理，将预期的实施进度放慢和预期的投资回报目标值调低，而不是抱着侥幸的心理铤而走险。将实际结果和预期目标进行比较，记住因环境政策等客观因素发生的重大变化而进行投资回报目标值的调整，本是每一位管理会计人员应当重视的问题，但实际情况中因为忽视而发生偏差，甚至带来重大风险的发生。

设定预期目标的一个常见做法是持续改善目标。如果一个企业采取经济增加值作为业绩指标，那么可以根据经济增加值的逐年变化进行经营状况的评价。但是如果忽视了主要原材料的价格上涨、环境评价要求提升导致的风险管理支出加大、新技术应用的专业人员聘任费用增加，以及通货膨胀下普遍物价指数上涨等因素，单纯地看这样的数据变化就不会有现实意义。使用平衡计分卡的企业在建立财务业绩指标时，也要确定内部业务流程、不同工龄和不同岗位的员工学习与成长维度，以及客户实际情况差异的目标预期。

二、选择反馈的时间

设计管理会计业绩评价指标体系的关键一步是选择信息反馈时间，信息反馈时间的主要影响因素有：第一，该信息对企业核心竞争力的影响作用；第二，谁负责处理该信息，接收信息的管理者是谁；第三，企业信息技术的复杂程度。比如，在建筑企业中，天气原因造成施工进度缓慢，从什么时间开始造成影响？持续了多长时间？将信息上报给了哪位管理者？上报环节中信息有偏差吗？得到信息后，相应处理信息的管理者在多长时间如何做出决策？施工现场的管理者入职执行，都与选择反馈的时间密切相关。人力资源部负责人在考核员工满意度的时候，将考核周期选定在一个年度，还是一个季度，考核时间节点是年末、年初和年中，才能更好地反映员工的真实想法，会因为选择反馈的时间周期不同或者时间节点不同而产生差异。

三、区分管理者业绩与分管部门业绩

一位成功的管理者会更加关注员工的业绩，并且，不仅能够精准区分不同员工的业绩状况，还要能区分部门负责人业绩与部门业绩之间的不同与联系。比如，企业为了提升整体竞争力，将组织内部工作能力最强的部门经理派到经济回报最差的部门进行管理以改善状况。但是，因为部门业绩的差异，可能一个最差部门即使在好的管理团队带领下，也需要三到五年或者更长时间发生质的提升。如果还是按照部门业绩来评价管理团队和部门负责人的业绩，显然是有失公允的，将部门业绩直接反映在负责人的身上是不太合理的。

四、个人作业与团队协作的业绩评价区分

在设计评估组织内部员工的业绩指标时，很多管理者在个人作业和团队协作上的业绩指标区分度不大，特别是一些国有企业，在实际中更是如此。因此，为了企业整体的核心竞争力提升和生产经营效率的改善，管理者需要做好两件事情：一是为多重任务执行的个人作业模式设计业绩指标，二是为团队作业设计业绩指标。

在个人作业模式中，对于国有企业而言，大多数员工一般不是执行单一工作任务，而是需要执行多重工作任务。比如，企业生产工人既要负责产品的数量达标，还要负责质量能够通过检验成为合格产品。管理者期望自己部门的员工能够合理协调自己的工作时间和精力进行最佳配置，以达到效率最高化。

在以团队作业为基础进行的业绩评价设计中，不仅与个人作业的业绩考核有很大的差异性，不同行业领域不同团队在评价模式和激励机制上一般也会有较大差异，特别是专业性较强而分工相对明确但需要团队之间紧密合作的研发团队，业绩机制对于项目的成败甚至有决定性的作用。以团队作业为基础的业绩评价和薪酬设计是否受人欢迎，在很大程度上取决于企业文化和管理风格。比如，瑞士诺华制药公司根据公司范围内的业绩进行团队奖励，只有达到整体目标才会使奖励生效，而美国伊士曼化工公司则根据个人技能进行列表来进行团队成员评价和奖励。

第五节　激励与报酬

企业实施激励机制的目的是通过与业绩评价挂钩的一系列激励报酬，促使企业全体员工（包括经理人员和普通员工）的行为符合股东价值最大化的目标。

一、经理人报酬制度

西方发达国家已经形成一套比较成熟的经理人报酬制度及运行机制，基本上做到了激励与约束相对称、短期与长期相配套。西方发达国家的经理人报酬制度主要由两大部分及其明细分类组成。现代企业的经理报酬安排趋势是越来越多元化，并且不断有新型激励方式出现。下面介绍一些常见的报酬安排，如表 6-8 所示。

表 6-8　经理人常见报酬安排

主要类型	明细分类
短期报酬	基薪
	短期津贴或奖金
长期报酬	经理股票期权
	业绩股份
	股票增值权

1. 基薪

基薪即基本薪金，也称岗位工资，是经理人收入报酬中的固定部分。

2. 短期津贴或奖金

短期津贴或奖金以短期或年度的业绩评价为基础，常见的是业绩奖金，即在达到或超过指定的业绩标准后获得一定金额的奖励。

3. 经理股票期权

经理股票期权通常局限于企业最高管理层，是在某一期限内（通常是 3～5 年）按预定价格购买本企业股票的一种选择权，其价值取决于行权价与赋予期权时的股票市价之差，因而是一种基于市场的激励方式。经理的报酬通过企业股票的市场价格与企业的业绩相联系，因为一般情况下，企业的股票价格会随企业业绩的增长而增长。

4. 业绩股份

根据不同的业绩表现，奖励不同比例的股票，目的是解决经理的短视问题。业绩股份的目标通常与企业整体业绩衡量标准相联系，最普遍的标准是几年期间企业股票每股盈余的累积增长率是否达到预定目标。在这种激励方式下，经理获得的股票有一定时间内不得支付等条件的限制，从而增加了经理离开企业的机会成本。

5. 股票增值权

股票增值权是一种递延的现金奖励计划，它将股票在奖励日与实际支付日之间的增值部分用现金方式支付给经理，是以现金形式获得的期权价差收益，而无须行使期权，因此又称现金增值权。

二、管理层收购与股票期权

（一）管理层收购

管理层收购，是指目标公司的管理层利用借贷资本购买其所经营管理的公司的股份，改变本公司的所有权结构和控制权结构，进而达到重组本公司的目的，从而获得预期收益的一种收购行为。

人们一般认为，管理层收购会对管理人员的行为和公司的业绩产生积极的影响，其主要原因有：

（1）管理层收购能够给予管理人员大量的所有者权益，这将大大降低管理人员滥用权力、片面追求扩大公司规模的风险；

（2）管理层收购能对管理人员产生很大的财务激励，使其在努力实现股东价值最大化的基础上实现个人利益最大化。

（二）股票期权

股票期权是公司股东（或董事会）给予公司雇员的一种权利，即持有股票期权的雇员可以在规定的时间内，以事先确定的行权价格购买本公司股票。在行权前，股票期权持有者没有收益；在行权后，股票期权持有者获得潜在收益（股票市价与行权价的差额）。公司雇员可以自行选择适当时机出售股票期权以获取现金收益，它比现金方式的奖励有更大的股份激励作用，并把未来收益与企业发展和股市紧密联系起来。

三、员工权益

员工权益是指企业员工通过持有本企业一部分特殊股权，以参与企业经营管理和剩余利润分配，员工以劳动者和资本所有者的双重身份与企业连成命运共同体。一般情况下，员工持股有以下特点。

1. 立法和政策支持是员工持股的保证

20 世纪 90 年代以来，西方主要发达国家先后通过立法和税收优惠政策推动了员工持股计划的发展，各国的员工持股法律和政策框架已基本形成。

2. 充分运用信用制度，以非现金性购买为主

以信用制度作为推行企业员工持股的基本手段，以非现金性购买即建立在预期劳动支付的基础上取得员工股是比较通行的做法。

3. 建立专门机构统一进行管理

许多国家的企业员工持股计划一般设立专门机构统一进行管理，如设立员工持股会等。

4. 注重公平性

企业员工持股计划一般要求企业 70% 以上的员工参与，保证企业绝大多数员工都可以从企业的发展中获益。

5. 吸引和稳定人才

在现代经济环境下，人才流动十分普遍，如何吸引和留住人才是企业保持竞争力所面临的重要问题，许多国家运用员工持股制度激励和吸引人才。

第六节　智能化让绩效标尺更精准

一、智能化的绩效管理

与管理会计工具的其他实践应用领域相比，长期以来绩效管理与智能化信息化的结合相对不太紧密。尽管几乎所有企业都开展绩效管理工作，但大多数企业没有开展绩效管理信息化，更未搭建起包括目标体系设定、评价标准体系设定、绩效分析评价、绩效报告生成等全活动过程的智能化绩效管理平台。缺乏高效信息系统支撑的传统绩效管理，使绩效"标尺"的设计长期主要依靠人工完成。数据少、置信度低、数据迟滞，使得企业只能看到绩效的结果，难以对结果产生的原因进行分析并形成绩效改善建议和采取具体行动。

智能技术为绩效管理的应用打开了新纪元。

首先，数据中台可以打通和汇聚多源数据，实现数据资产化和内外部数据的整合。这将令绩效管理获得多角度、完善的结构化和非结构化数据，从而建立起更为智能、科学的绩效评价数据库，更为精准、全面地对绩效结果进行评价。绩效管理屡屡被批评，其中一大焦点问题就是绩效指标设计片面，反而拖累了企业的整体绩效。百度 CEO 李彦宏曾做出这样的反省："因为从管理层到员工对短期 KPI 的追逐，我们的价值观被挤压变形了，业绩增长凌驾于用户体验之上，简单经营替代了简单可依赖，我们与用户渐行渐远，我们与创业初期坚守的使命和价值观渐行渐远。"表面看来，百度的问题通过改进绩效指标体系就能获得改善。但是，对客户体验相关数据的获取难以实现时，对客户体验相关信息进行比较分析就更显困难。通过构建数据中台，企业能够将运营过程中的内部数据和外部数据汇集到一起，并通过数据治理统一数据口径、提升数据质量，产生大量有用数据，为绩效评价提供完善的基础数据支撑。

其次，在新一代信息技术的支撑下，智能绩效管理系统能够快速存储、调取和处理海量数据。应用上的敏捷性使系统能够快速响应环境变化，及时根据内外部环境变化对绩效数据和绩效分析结果做出调整，有效提升数据的时效性和有用性。

市场环境瞬息万变，企业在绩效管理中也不应再拘泥于固定的、僵化的指标。绩效管理应该具有战略柔性，应该考虑到社会、技术、商业、管理等方面变化的影响，能够根据外部市场的不断变化进行动态调整，形成动态指标。这种动态指标有助于企业更精准、更真实地对实际绩效进行衡量，更为公平地论功行赏，更为合理地保护各级各类工作岗位上不同人员的工作热情。

再次，依靠强大的智能技术引擎，企业能够构建绩效分析模型，并开展对绩效结果的归因分析，准确捕捉到绩效形成的原因，据此对评价对象的工作进行合理的评估，并实行相应的激励管理，有效避免出现"能者多劳、多劳不多得、少劳不少得"的现象。绩效结果的产生往往是内外部因素综合作用的结果，企业需要对产生结果的原因进行分析，对员工、团队、企业的工作进行理性评判。开展这类归因分析的前提条件有两个：一是要基于大量内外部数据；二是要拥有强大的数据挖掘和分析能力。传统的绩效评价只能依靠人力对绩效结果寻根问底，寻求解决对策。在大数据技术的支撑下，绩效管理部门可以追溯每一个数据的来源，利用相关性分析、聚类分析等数据挖掘手段，分析各主体在绩效目标实现过程中的作用大小，进而开展更为科学、高效的绩效评价与考核。

最后，依托新一代信息技术的智能绩效管理能够形成一整套绩效追踪反馈机制，有力解决绩效管理在应用中屡被批评的"只有考核，没有改进"的问题。绩效管理的根本目标是持续提升个人、部门和组织的绩效。当绩效管理的目光只聚焦于如何通过绩效指标来进行员工评级、奖金界定时，它就开始过于关注"过去式"和"承认式"，沦为形式主义的工具。数据中台与传统数据仓库的最大区别在于，经由数据中台形成的数据一定要回归到业务前端，反向指导业务运营。这使得数据中台支撑下的智能绩效管理系统天生就具备了数据双向传输和反馈的功能，能够实时追踪个人、部门和企业的数据，实现快捷、持续的绩效反馈，动态跟踪和反馈改进行动，以确保绩效改善目标的达成。

二、智能绩效管理的场景化应用

在智能技术、大数据的驱动下，基于数据中台的场景化、部门化的绩效管理信息化产品开始出现并且在企业获得应用。这将有力提升绩效管理的科学性、及时性和有效性，进一步增加绩效管理的激励价值。以公共资源的绩效管理为例，我们可以更加形象生动地看出智能技术推动下的场景化绩效管理将呈现怎样的面貌。

几乎所有的企业在管理中都会碰到同一个难题，就是公共成本的分摊问题。实际工作中，企业分摊公共成本的方法五花八门。有的企业根据成本动因进行分摊，有的企业根据工时比例进行分摊，有的企业根据人员比例进行分摊，有的企业根据业务量比例进行分摊。然而，无论采用何种动因和方法，即使是采用作业成本法对成本动因进行追踪并据此完成分摊，由于该类成本的适用对象复杂、成本发生过程零散琐碎，成本与分摊对象的因果关系往往难以被准确追踪。基于前述瓶颈所限，成本分摊大多建立在因果关系不太明确的分摊标准之上，带有一定的假设性，只是对成本基于一定逻辑进行大致估算，很难准确反映实际资源消耗情况。

我们以大中型国有企业的公共资源——车辆为例，车辆作为一项固定资产，在核算上通常将每期提取的固定折旧费加上车辆使用中产生的各项费用之和计入使用成本。

企业在进行车辆成本分摊时，成本管理较粗犷的企业可能会简单基于单一的分配比例，如按业务总量的比例等，对该项成本进行大致分摊。成本管理较细致一些的企业，可能会根据车辆使用记录，依据用车人所属部门追踪成本动因和成本对象，并根据各部门当期使用次数比例对车辆使用成本进行分摊。即便如此，企业往往只能通过使用次数大致确定成本金额，而难以确定所发生的实际成本。例如，同样是使用一次，A部门跑了100千米，B部门只跑了10千米，两者发生的成本肯定不一样，但是分摊到的成本很可能是一样的。又如，即使是同部门使用，但或许这次是为A事项，下次是为B事项，然而这些细致的成本动因很难被追踪。其他资源也是如此，比如会议室资源使用费更难进行准确分摊。在实际工作中，很多企业往往对这类成本采取粗略分摊的方法，事实上，简单地由各部门进行平均分摊，这样做并不公平。

如果能够基于新一代信息技术建立内部资源交易模式，对内部资源进行定价，在资源使用的源头上就记录了相关的使用信息，能与预算执行数进行对接，方便事前事中管理，避免事后基于各种假设对这些资源进行粗略分摊导致的成本信息失真。更重要的是，能更科学、更合理、更准确地完成对公共成本的分摊，有利于内部资源的合理配置，减少资源闲置成本，提升资源使用率，为后续的生产运营全方位的精细化成本管理提供基础数据。

第七章

管理会计工具创新：战略管理精准化

战略管理是企业至关重要的管理内容。然而，战略制定是否科学？战略推进是否高效？战略落地是否有力？现实经济社会中，对这些问题给出肯定回答的企业并不多见。在网络化、数字化、智能化时代，企业管理中的各个环节都可以用数据进行解读。企业能够快速、实时、准确地获得动态的内部经营和外部市场数据，通过对这些数据背后逻辑关系和规律的挖掘，制定科学的经营和发展策略，提高战略管理的科学性与可行性。

第一节　战略管理概述

战略管理是指对一个企业或组织在一定时期的全局的、长远的发展方向、目标、任务和政策以及资源调配做出的决策和管理。从企业发展规划的层面来看，战略管理是指企业确定其使命，根据组织外部环境和内部条件设定企业的战略目标，为保证目标的正确落实和实现进行谋划和决策，并依靠企业的内部能力将这种谋划和决策付诸实施，以及在实施过程中进行控制的动态管理过程。战略管理大师迈克尔·波特认为，一项有效的战略管理必须具备五项关键点：独特的价值取向、为客户精心设计的价值链、清晰的取舍、互动性、持久性。

一、 SWOT 分析法

SWOT 分析法是最早提出"战略管理"的一种战略分析方法，是通过获取企业内外部环境信息，并将这些信息纳入到分析框架内进行综合决策的一种科学分析方法。SWOT 分析由两部分组成：一是企业内部环境分析，主要进行企业自身能力的分析，在和竞争对手的比较中得出优势或劣势的评价；二是企业外部环境分析，主要是针对企业涉及的产业、经济、政策等环境进行分析，并在外部环境变化分析的基础上得出机会或威胁的评价。SWOT 分析法是最早期的战略管理"结构化、系统化"的成果，具有框架清晰简明、结构完整和便于理解的优点，这也是其在战略分析领域一直作为基础理论的重要原因。

二、波特五力分析模型

波特五力分析模型是迈克尔·波特于 20 世纪 80 年代初提出的，对企业战略制定产生全球性的深远影响，用于竞争战略的分析，可以有效分析客户的竞争环境。根据波特的观点，一个行业中的竞争，不止是在原有竞争对手中进行，而是存在着五种基本竞争力量（简称"五力"），这五种基本竞争力量的状况及综合强度，决定着行业的竞争激烈程度，从而决定着行业中最终的获利潜力以及资本向本行业的流向程度，这一切最终决定着企业保持高收益的能力。五力分别是：供应商的议价能力、购买者的议价能力、潜在竞争者进入的能力、替代品的替代能力、行业内竞争者当前的竞争能力。五种力量的不同组合与变化，最终影响行业利润潜力变化。波特五力分析模型属于外部环境分析中的微观环境分析，主要用来分析本行业的企业竞争格局以及本行业与其他行业之间的关系。本质上是一种管理思想在企业营销管理实践活动中战略层面的应用工具，要求市场营销管理者从战略分析的角度来管理企业。强调的是一种战略意识，或者说战略性思维的运用。

三、 PEST 分析法

PEST 分析是对宏观环境的分析。宏观环境又称一般环境，是指一切影响行业和企业的宏观因素。对宏观环境作分析，不同行业和企业根据自身特点和经营需要，分析的具体内容会有差异，但一般都应对政治（Political）、经济（Economic）、社会（Social）和技术（Technological）这四大类影响企业的主要外部环境因素进行分析，简称 PEST 分析。

在企业战略规划的分析中，决策者往往会综合应用一种或者几种方法进行全方位的分析，比如，采用 PEST 分析法对企业所处的外部环境从宏观层面进行分析，利用 SWOT 分析法对企业在行业内所处的地位从中观层面进行企业的优势劣势和威胁机遇分析，利用波特五力分析模型从微观层面对企业产品相关的市场因素等进行分析。综合利用多种战略工具进行全面系统的分析研究，是很多企业管理者经常应用的措施和手段。

第二节　管理会计如何支撑战略管理

一、管理会计为战略管理提供信息支撑

战略的实质是企业所选择的可以使其成为卓越组织的特定活动。因此，战略之间的差异就是企业所选择的活动内容和从事这些活动的方式的差异。换而言之，战略就是企业要明确未来定位是什么、该做什么、什么时间做、投资多少去做、具体的行动方案是什么、收入是多少等，并以此为基础形成一套关键的经营方式、价值愿景、资源配置方案和财务运行机制。

通常而言，企业的战略是一种偏宏观性、规划性的文件。它从整体出发概括了企业的特征以及未来较长一段时间（如 5 年、10 年甚至 15 年或者更长的时间）内的发展目标。企业要想把战略变成现实，不可能一步到位，而是需要基于战略分析、战略制定、战略实施、战略评估和战略控制等工作开展战略管理。

战略管理必须基于信息，特别是量化的管理会计信息的运用。战略管理的核心，首先是企业高层管理者基于所掌握的内外部信息，对于企业重大问题的决策；其次是议定战略执行过程中的业务计划、资源配置，执行过程管理，以及执行成果监控等具体操作；最后是战略偏差管理，特别是目标偏离分析、策略与计划调整以及对应的组织与人员的绩效管理。

战略管理的基础，既有外部信息，也有内部信息；既有量化信息，也有非量化信息。其中，量化信息是战略决策的重要依据。管理会计信息，管理会计工具方法，管理会计成果运用，贯穿战略管理活动的始终。

从战略管理过程角度进行分析，管理会计在战略分析、战略制定、战略决策、战略执行、绩效管理等环节获得应用。从集团战略、公司战略到职能战略，管理会计的应用程度逐层加深。运用管理会计对战略管理进行决策分析时，会涉及众多的领域和分析主题，并且可能应用到企业历史数据、预测的未来数据以及外部行业数据等管理会计信息。管理会计信息应当全面反映企业战略执行的情况，从多个角度、多个维度反映企业经营状况，具备及时性和满足管理层决策支持需要等特点。

以战略制定为例，战略管理要实现绩效的突破性提高，因此，战略目标与正常可达到的水平之间往往存在一个较大的缺口，战略的制定和实施需要填平这个缺口。

为此，企业要从各个方面将这个缺口转化为具体的目标，并制订战略行动计划（或称战略启动计划、战略行动方案），以促进具体目标的实现，最终填平缺口。这中间有两个关键问题。一是如何确保战略目标是科学、合理的？换而言之，如何确定战略缺口是有挑战性且可实现的？二是各部门如何协同，采取哪些行动来共同填平这一缺口？

例如，某建筑企业确定战略目标为 3 年内增加利润 1000 万元。那么，这一目标与当前实际差距有多大？不同区域、不同业务之间怎样分配这些缺口指标？哪些项目是重点突破项目？为取得利润大幅增长，需要采取哪些行动？

很显然，要回答这些问题，需要大量具体客观的数据信息支持。管理会计作为企业管理体系中量化管理的部分，既以数据为始，又以数据为终，不仅集合了企业财务数据、业务数据和行业数据等原始数据，而且基于原始数据处理又生成大量经营计划、决策、分析数据。应用平衡计分卡、战略地图、战略测算等管理会计的工具和方法，企业可以获得多维度、有效的战略管理信息。这些信息不仅能全面反映企业战略执行的情况，还能从多个角度和多个维度反映企业的实际经营状况，并且具备及时性，可以支持高层管理者的决策。

二、管理会计为战略管理提供信息系统支持

大型企业的战略管理对信息化平台的依赖度很高，信息系统是在战略管理过程中应用管理会计工具的重要技术保障。企业需要借助信息化开展战略管理。

例如：企业应当对分析主题及需要应对的问题做出明确的定义；应当对相关的数据做出明确的定义并确认其来源和质量；应当明确数据管理责任，并形成对数据信息进行维护、更新的机制。这些都需要信息系统的支持。

在战略管理中，企业应具有数据存储系统、建模与信息处理系统、信息展示系统，战略管理信息系统可推动企业战略管理工作的有效完成。同时，为高效开展企业战略管理工作，企业战略管理信息系统不是孤立存在的，还需要与企业管理会计系统和内部各营运信息系统实现数据集成。

例如，在分解战略目标时，一方面，企业需要从前端业务系统和管理系统中采集各项基础数据；另一方面，企业需要将形成的结果导入预算管理系统，作为企业年度经营目标。高度集成的信息系统可以助力企业以自动化方式完成上述工作，无须人工介入，这将大大提升职能部门的工作效率和组织整体的运营效率。

第三节　智能技术助推精准战略管理

战略管理离不开企业对自身情况、竞争对手情况及市场环境的了解，这些情况具体反映在内部和外部数据上。新一代信息技术为战略管理提供了准确、实时的市场动态数据。基于数据中台的智能管理平台能够对这些数据进行收集、整理、计算和分析，助力企业进行战略分析、战略制定、战略实施、战略评价和战略控制，实现智能化的精准战略管理。

一、从丰富的数据到精准的战略

确定战略规划是企业战略管理的核心内容之一。确定战略规划就是企业基于对外部政治、经济、市场环境，自身在价值创造中的优劣势，以及面临的机会和威胁等的分析，制定并设计未来的战略目标和行动方案的过程。

企业在确定战略规划的过程中不仅要了解企业所处的外部环境正在发生什么变化、这些变化将给企业带来更多的机会还是更多的威胁，而且要评估自身愿景和资源，这些都需要依赖丰富、准确、有效的信息。这些信息不仅包括大量结构化数据，而且包括大量非结构化数据。例如，企业开展战略分析时，不仅需要分析行业环境中的需求、供给和竞争者等因素的变化，还要分析政策法律环境、经济环境、技术环境和社会文化环境等。其中很多数据并不是可量化的结构化数据，而是非结构化数据和半结构化数据。

在传统信息系统下，这些数据既难以被收集，又难以被有效存储和加工处理。而新一代信息技术，尤其是智能技术和大数据技术，给数据存储、数据传输、数据治理、数据分析、数据处理等方面带来了质的变化。数据中台能够全面、实时地汇集企业内外部的结构化和非结构化数据，为企业开展战略分析提供全面、实时、可靠的数据支持。

举个例子，企业往往采用 SWOT 分析法开展内外部环境分析。S 是指企业内部的优势（Strengths），W 是指企业内部的劣势（Weaknesses），O 是指企业外部环境中的机会（Opportunities），T 是指企业外部环境中的威胁（Threats）。在具体分析中，这四个象限的相关数据多采用人工收集、问卷调查、回访调查等手段获取，数据数量有限、随机性较高、时间周期长。企业在具体分析中往往更多地依赖主观经验判断而不是深入的数据分析，这使得分析结果不一定能科学、全面地反映企业真实情况。而借助数据技术，企业获取数据的数量、质量、时效性都能够获得大幅提升。

例如，应用网络爬虫技术，企业可以全面快捷地从网络上实时获取行业市场和竞争对手的信息等，集中汇入数据中台，开展数据治理、数据计算和数据挖掘，有力确保企业战略规划的正确性。

二、破解战略执行难的问题

管理大师彼得·德鲁克曾经说过："管理是一种实践，其本质不在于'知'而在于'行'。"这个"行"就是执行。战略规划难，战略落地更难。《财富》杂志统计："战略有效地制定出来后，得以有效执行的不到10%。"战略执行是战略管理的行动阶段，是使既定的战略转化为实际行动并取得成果的过程。它是指通过一系列行政、经济、法律手段，为达到战略目标所采取的目标分解、业务计划、人员组织、资源分配、制度政策以及协调沟通和管理控制等行动。战略制定的关键在于其正确性，而战略实施的关键在于其有效性。战略实施的成败取决于能否把实施战略所需的组织、资金、人员、技术等资源及各项管理功能有效地调动起来并加以合理配置。

随着企业管理体系的日益发展和完善，战略执行对高效、先进的工具、方法的依赖与日俱增。作为平衡计分卡的进一步发展，战略地图是为描述平衡计分卡四个层面（财务、客户、内部业务流程、学习与成长）目标之间的因果关系而绘制的可视化的战略因果关系图。它不仅可以在整体上清晰地反映企业愿景、使命、战略与财务、客户、内部业务流程、学习与成长四个层面之间的支撑关系，并且在局部直接勾勒出每个层面的战略目标与战略主题（重点工作）的对应关系，从而详细且清晰地描绘出企业战略落地的逻辑路径图，是推动战略落地的有效工具。

在数字化时代，信息的传播冲破了时间、地域甚至语言、文字表达的制约。数据中台为企业汇集了海量、高增长和多样化的信息资产，也使这些信息的实时获取与共享成为可能。数据技术的实时和动态调整功能与战略地图的动态性完美契合。借助机器学习、深度学习、神经网络、数理统计等数据挖掘技术，企业的战略管理部门将不再局限于模板化、公式化的财务报表数据，能够及时、有效地获取更为全面、深入、多样化的战略执行数据，对各责任中心的经营活动进行动态跟踪，找出影响战略实现的因素，有的放矢，实现各部门间乃至产业链上各个环节的协作共赢，有力推动战略的有效落地。

第四节　智能战略管理的场景化应用

一、盘家底、知缺口、测目标

随着信息技术的发展，越来越多的企业通过构建战略模型来开展战略管理。例如，PEST 分析（不易量化）、SWOT 分析（不易量化）、波士顿矩阵（强制量化）、麦肯锡矩阵（强制量化）、波特五力分析模型（强制量化）、竞争分析（强制量化）、蓝海战略分析模型（强制量化）、价值链分析（强制量化）、核心竞争力（不易量化）等战略主题分析模型，以及鱼骨图、差异分析等管理分析方法。通过在信息系统中搭建模型，企业能够定位和调取模型中的相关数据，根据这些数据之间的钩稽关系进行循环实验、计算，最终获得更为科学、可靠的结论。

战略测算模型是模型分析法在智能化时代的典型应用。企业通过构建战略测算模型确定战略目标，各部门可结合企业战略目标设定本部门的战略目标，并将其具体化为一套关键财务及非财务指标的预测值。具体而言，企业可基于当前经营现状和战略目标，应用战略测算模型对未来经营情况进行战略推演和测算，以实现快速的战略模拟，并输出会计利润、毛利润、现金流量等指标，将战略目标分解细化为具体、可执行的动作。

企业在实施战略测算时可分三步走：第一步，对自身家底进行细致分析，以清楚了解在当前经营下企业可最终取得的财务结果；第二步，基于对家底的分析获知战略缺口；第三步，搭建战略测算模型对战略缺口进行测算和预估，并细化行动计划。通过盘家底、知缺口、测目标，提前了解未来需要如何布局才能完成战略目标。

二、战略模拟的成功经验

随着我国建筑施工行业竞争环境的日益复杂，建筑施工企业越来越需要改变其制定预算目标过于短视的行为，站在企业中长期发展的角度，去重新审视、规划企业的经营行为，进行科学、合理的资源配置。例如，A 建筑企业通过战略测算，填平战略目标的缺口，制订三年经营计划，并将三年经营计划作为年度目标，参与滚动测算，跟踪战略目标的完成情况。总的来说，A 建筑企业战略测算平台帮助企业实现了快速的战略模拟，帮助企业立足当下预测未来，使得企业决策快人一步。

A 建筑企业在充分考虑行业政策环境、市场竞争等各种相关因素变化的基础上，结合集团公司自身发展现状、内在经营情况、管理水平和员工素质等因素，制定了新的战略规划，并将战略目标进一步细化为关键绩效指标，如将集团战略指标细分为竣工面积、新开工面积、融资金额、新增项目、年末项目储备等。公司制定了短期内中标项目金额达到 1000 亿元的战略目标。根据此战略目标，公司需要先对现有资源进行盘点，并将其和公司的战略目标进行比对，据此获知公司未来的战略缺口，帮助自身了解未来需要如何布局才能填平缺口。例如，要填平战略缺口需要拿下什么样的项目？拿多少项目？什么时候拿？在哪些城市拿？拿地后全周期的利润情况、现金流情况怎样？从本质上来看，A 建筑企业的战略测算是一种对旗下包括的城市基建项目、商业地产开发项目等进行全周期测算的过程。

要进行战略测算，自然要对现有资源进行盘点。公司所有在建项目均需根据面积、单价、进度、成本、税金、费用等编制全周期项目预算，构建标准项目库。年度预算作为项目预算中某段时间的一个版本，同时也是年度考核的基础和依据。只有盘家底之后，公司才可获知自身战略缺口的情况。基于此，A 建筑企业构建了战略测算平台，把集团公司整体的战略规划进行图形化，按照三年的时间展示现有项目加上预期项目及其拓展面积、数量、价值、开工时间、竣工时间等详细信息。该战略测算平台的主要特色如下。

第一，将标准项目库的项目拖拽到某公司下的具体年月上，其会自动成为该公司下的虚拟项目，并实现将项目获取时间改为此年月，其他节点据工期推算，再根据面积、施工进度等计算项目价值，并能汇总到集团。

第二，将中长期项目库的项目拖拽到某公司下的具体年月上，其会自动将项目获取时间改为此年月，但原项目一级开发的相关支出信息仍然保留，后续计算与标准项目库的要求应当是一致的。

第三，具有灵活变动项目的区域属性。例如，新建河南分公司，将河南各个地方的其他公司的部分项目归属在此公司下。

第四，支持多版本、多组织架构，不同版本的数据对应不同的组织架构。在每一个新进入区域，每一个版本测算可能具有不同的结果，所以这对于 A 建筑企业战略测算来说，是一个十分核心的需求。

得益于 A 建筑企业所采用的 C1 预算系统本身所具有的良好计算性能，在搭建成功后，其战略测算展现出了极佳的操作灵活性。经过战略测算之后，系统可生成多个版本的战略经营计划。经过企业管理层审批决策之后，形成最终版本的三年经营计划。

第八章

管理会计工具创新：数字赋能的营运管理

营运管理对上承接战略目标，对下统领预算管理、成本管理等价值链管理节点，在企业治理层面和管理层面对整条价值链进行管控。

营运管理不仅包含"产、供、销"的各个环节，还包含事前产品开发、事中技术改造、设备投资以及财务、人力资源后勤支持等。从时间上分为长、中、短期营运管理。

营运管理是企业管理会计能够发挥重要作用的领域，管理会计在营运管理领域的应用主要体现在研发、销售、生产、采购等经营活动的决策支持上。

第一节　营运管理概述

营运管理是对营运过程的计划、组织、实施和控制，是与产品生产和服务创造密切相关的各项管理工作的总称。从另一个角度来讲，营运管理也可以指对生产和提供公司主要的产品和服务的系统进行设计、运行、评价和改进。过去，西方学者把与工厂联系在一起的有形产品的生产称为"production"或"manufacturing"，即生产，而将提供服务的活动称为"operations"，即营运。现在的趋势是将两者均称为营运，生产管理也就演化为营运管理。在当今社会，不断发展的生产力使得大量生产要素转移到商业、交通运输、房地产、通信、公共事业、保险、金融及其他服务性行业和领域，传统的有形产品生产的概念已经不能反映和概括服务业所表现出来的生产形式。因此，随着服务业的兴起，生产的概念进一步扩展，逐步容纳了非制造的服务业领域，不仅包括有形产品的制造，而且包括无形服务的提供。

现代管理理论认为，企业管理按职能分工，较基本、较主要的职能是财务会计、技术、生产运营、市场营销和人力资源管理。这五项职能既是独立的又是相互依赖的，正是有了这种相互依赖和配合才能实现企业的经营目标。企业的经营活动是这五大职能有机联系的一个循环往复的过程，企业为了达到自身的经营目的，上述五大职能缺一不可。

营运管理是实现社会组织"输入—输出"转换、实现价值增值的过程，具体来说，营运管理这一转换过程包括产品形成、质量形成、成本形成、价值增值等，最终体现出产品性能、质量、价格等产品竞争力相关的信息。具体来说，企业向客户提供产品或服务，赚取利润，这一过程包括以下内容。企业向客户推荐产品或服务，以满足客户的需求，这属于市场营销。若客户接受公司的产品或服务，公司需要接待客户、生产产品或服务、并向客户交付，这个过程属于生产营运。而企业的目的是赚取利润（或其他），就需要核算营销、营运等是否能够获得利润，这个过程属于财务会计的范畴。具体的工作需要员工执行，需要招聘员工、培训员工、设计薪酬、绩效考评等，这属于人力资源的范畴。

一、营运管理的对象

营运管理的对象主要包括营运过程和营运系统。营运过程是一个投入、转换、产出的过程，是一个劳动过程或价值增值的过程，它是营运的第一大对象，营运必须考虑如何对这样的生产营运活动进行计划、组织和控制。营运系统是指上述变换过程得以实现的手段。它的构成与变换过程中的物质转换过程和管理过程相对应，包括一个物质系统和一个管理系统。因此，营运管理的内容包括营运计划、组织实施、营运控制三个主要部分。

二、营运管理的目标

营运管理要控制的主要目标是质量、成本、时间和柔性，而质量、成本、时间和柔性是企业竞争力的根本源泉。因此，营运管理在企业经营中具有重要的作用。特别是近年来，现代企业的生产经营规模不断扩大，产品本身的技术和知识密集程度不断提高，产品的生产和服务过程日趋复杂，市场需求日益多样化，世界范围内的竞争日益激烈，这些因素使营运管理本身也在不断发生变化。信息技术突飞猛进，为营运管理增添了新的有力手段，也使营运管理的研究进入了一个新阶段，使其内容更加丰富，范围更加扩大，体系更加完整。

第二节　管理会计是营运管理的强力保障

一、高效的工具、方法

管理会计为企业营运管理提供了一系列成熟的工具和方法，包括本-量-利分析、敏感性分析、边际分析、杠杆管理等。多数企业可以综合利用多种方法对营运业务进行管理。本-量-利分析模型明确了成本、业务量和利润这三者的依存关系，对该依存关系进行具体的分析，研究其变动规律，为企业进行经营决策和目标控制提供有效信息支撑。敏感性分析从众多不确定性因素中找出对投资项目经济效益指标有重要影响的敏感性因素，并分析测算其对投资项目经济效益指标的影响程度和敏感性程度，进而判断项目承受风险的能力。边际分析经常考虑的有边际收益、边际成本、边际产量、边际利润等。杠杆管理在管理会计中主要表现为经营杠杆、财务杠杆和复合杠杆。企业在经营活动中运用杠杆系数进行分析、衡量、决策。一是对成本习性有明确的假设和分析；二是对各项收益、成本、费用有合理的假设与分析。

企业应根据自身业务特点和管理需求等，选择单独或综合运用营运管理工具、方法，以更好地实现营运管理目标。

二、全面及时的数据信息

营运管理必须基于信息，特别是量化的管理会计信息的运用。营运管理贯穿企业经营的全过程，从研发、生产到采购、销售，在营运管理的每一个环节，企业都需要运用管理会计信息。

管理会计作为企业管理体系中量化管理的部分，其基于敏感性分析、边际分析、杠杆管理等工具方法，可以生成大量经营计划、决策、分析数据。

这些信息不仅能全面反映企业营运管理的情况，还能从多个角度、多个维度反映企业经营状况，并且具备及时性，能支持领导决策。

三、强大的信息系统

管理层通过管理会计，建立一个基于信息的系统，用以维持和调节企业经营活动的模式。例如，通过计划，管理层可以实现对企业经营活动的事前安排，协调各部门的活动和合作。但是各部门、各流程环节以及各生产经营作业或活动存在不同和差异。正是因为这些不同和差异，管理层更需要应用管理会计，以辅助自身系统全面地制定决策和实施控制。

在信息技术的帮助下，企业的资源计划能力得到了提升。例如，生产计划可以更快地被制定和传达，使得资源的配置和转化效率提高。又如，公司需要一致的信息流和一致的业务流程才能推出具有创新性和高质量的产品。

第三节　智能化的营运管理

企业在营运管理中，不仅应关注单一作业、单一环节或者单一部门的特性和管控需求，更重要的是平衡不同特性和需求产生的矛盾和张力。传统的营运模式不能很好地支撑这种动态平衡的建立。现代企业更需要智能化的营运模式来适应当下环境。这是因为传统的信息技术带动的是相对简单的协同作业（几个业务特点＋时间），而智能技术可以带动更为复杂的协同作业（全部业务特点＋时间＋突发事件）。智能化包括生产智能化和管理智能化。企业对智能技术的应用，不只是获取一堆数据并放在一起进行分析。智能化需要深入了解每个业务环节的资源特性，找到需要的数据进行处理以获得有价值的信息，并据此做出经营和管理决策，提升决策能力和管控水平。这就形成了从数据化到业务化的闭环。智能时代，智能技术将给营运管理带来全方位的效率提升和行为模式的创新改变。

一、研发成本的控制

研发管理中重要的管理活动包括新产品管理和目标成本管理。管理会计通过基本假设、数据计算、情景模拟等专项工作发挥决策支持作用，在这个过程中需要对制订计划、执行计划、执行检查、调整计划等环节进行管理。

研发管理中，新产品管理引入管理会计进行决策后，在新产品管理方案中有明确的管理会计部分内容；在决策时新产品管理方案的比较包括管理会计部分的数据对比；新产品管理方案中管理会计部分内容的形成具有清晰的流程；在决策后对新产品管理合理性跟踪会生成包括管理会计数据的评估报告。

研发管理中，目标成本管理引入管理会计进行决策，在目标成本管理方案中有明确的管理会计部分内容；在决策时目标成本管理方案的比较包管理会计部分的数据对比；目标成本管理方案中管理会计部分内容具有清晰的流程；在决策后对目标成本管理合理性跟踪会生成包括管理会计数据的评估报告。

在研发管理环节，基于智能技术，企业能够针对各个重要产品线中的研发成本进行深入管理，从财务视角对研发效能进行有效提升，并对研发过程中物料、费用、人力等成本的精细化管理进行积极、主动的管理干预。

二、营销专家的"秘籍"

营销管理中的重要活动包括客户决策、定价决策、渠道决策，订单决策、促销决策等管理事项，企业在销售管理活动中，经常需要应用管理会计工具、方法开展基础假设、数据计算、情景模拟、方案对比等专项工作，以发挥相应的决策支持作用。

营销管理的各个环节，大数据技术作为销售管理的重要助力，能够在销售费用管理、竞争对手分析等领域发挥重要作用。在销售费用管理方面，需要关注的是营销资源投放和效果达成的关系，如果能够管理好每一笔销售费用的投入产出，那么投入的销售费用就能换来良好的财务回报。在这个方面，我们可以充分利用大数据在相关性分析方面的优势，基于大量的企业内部历史销售费用投入数据，以及市场上与企业销售活动相关的各方面数据，获得销售费用投入方案与市场反应之间的相关性分析结果，从而将优质资源向市场反应积极的销售活动方案倾斜。在竞争对手分析方面，大数据能够帮助企业建立更加及时、有效的情报信息监控系统。基于网页、微信公众号、微博等多种新媒体渠道，情报信息监控系统可以从文字、图片、视频、音频等方面获得全方位的信息，从而及时发现竞争对手的重要动态，帮助企业及早做出应对决策。

三、"零库存"的实现

生产管理活动中，重要环节包括产量决策、库存决策、委托外加工决策和原材料采购决策等管理事项。管理会计可以通过基础假设、数据计算、情景模拟、方案对比等专项工作发挥决策支持作用。在此过程中，需要对制订计划、执行计划、执行检查、调整计划等环节进行管理。

在生产管理环节，从原材料到在制品、产成品，直至后续产品的库存、物流及客户使用，物联网能够及时跟踪每个环节的大量位置信息，使企业即时获取清晰的产品及材料的库存、流转、物流情况。基于这些信息，企业可以更高效地开展会计核算，优化库存价值管理，还能够降低配送物流成本。

基于供应链的预测决策这一特定的场景化应用，构建数据分析研究和模拟应用模型，借助大数据、优化算法和人工智能等新技术开展场景化分析，可以帮助企业构建起全方位的供应链体系，快速制订可行的原材料采购库存调配计划，并主动管理控制供应链的风险，实现自动补货、自动配货、自动调拨。

一方面，智能供应链预测决策平台提供完整的价值链解决方案，强调系统优化与全供应链的绩效，可以全面满足企业战略战术层次的计划需求。智能供应链预测决策平台是一个由高层管理人员主导的平台，包含决策层以原材料使用预测、产能限制、库存安排等为依据定期协同销售、生产、采购计划平台等部门的一系列管理活动。它将所有地区、各业务职能部门的具体计划进行调整，以完成公司的业务目标和指标。在智能化的供应链上，不再是企业的某个人或者某个部门在思考，而是整条供应链在思考。

另一方面，智能供应链预测决策平台通过建立上下纵横协同机制保障战略计划落地。智能供应链预测决策平台在战略计划上进行滚动分解，将日常的执行与长期的计划连在一起，作为检查年度规划、月度计划和每日执行的桥梁。在业务流程方面创造一种协同经营模式，实现上下纵横协同，通过滚动和整合的计划方法对市场目标、财务目标、库存目标、服务目标和生产目标等进行适时、合理的调整，从而提高企业的整体营运效率。

四、采购流程的优化

采购管理中重要的活动包括供应商选择决策、库存决策等管理事项。管理会计通过基础假设、数据计算、情景模拟、方案对比等专项工作发挥决策支持作用，在这个过程中需要对制订计划、执行计划、执行检查、调整计划等环节进行管理。在采购管理环节，通过将采购财务管理前移到业务处理环节，能够实现更好的管理效果。例如，利用电子商务平台的模式推动集中采购管理和采购一体化，实现整个采购过程的透明化和自动化，有效降低采购成本，提高采购效率。

随着行业监管的收紧、商业环境的较大变化，建筑行业也面临着更大的竞争压力，这种压力不仅体现在专业化程度的提高和项目施工管理流程的优化改进方面，还体现在原材料成本的压缩等方面。应用云计算、人工智能等新技术，构建规范的企业集团内部一体化采购平台，这不仅实现了旗下所有门店的所有商品和服务的采购一体化，还实现了采购业务的事前预算、事中控制和事后分析管理，并简化了采购过程，提升了采购效率，实现了物资采购电子商务化和采购管理的"去现金化、去行政化、去库存化"，助力企业构建符合新商业环境的管理体系和IT系统，达到降本增效和改善用户体验的目的。构建企业内部的一体化采购平台的主要优点可以归纳如下。

第一，实现了全公司采购物品的入口的统一，实现用统一平台管理所有的供应商采购流程。通过对供应商的筛选、维护和商品规则定义，打造对内开放的平台，实现外部电子商务平台资源和自有资源的融合，让资源配置更优，降低营运成本，促使企业所有的采购支出公正公开、合规透明。

第二，实现了采购流程的自动化。所有采购事项通过云快报账户统一结算（预存、月结），以公司统一支付结算替代个人报销，大量减少了员工的低价值重复劳作以及财务人员的零散记账、支付工作，并将采购人员从琐碎的交易业务中解放出来，做到了高效的协同流转。

第三，实现了前端采购与后端业务管控、财务处理的有效衔接，实现了对采购业务的全过程管理。事前，采购平台将对所有采购行为的有效控制前移到批准之前，利用审批和自动化方式对O2O消费行为进行事前控制，实行预算范围内按需自主采购，真正实现了有效的事前管控。事中，基于采购平台，将传统的采购流程从线下转移到线上，并与SAP系统、库存系统进行集成和对接，增强了对采购的管控，令采购过程合规、阳光、高效。事后，实现业务过程的线上管理，提供采购分析数据支持，自动化开展费用分析。

第九章

管理会计工具创新：更智慧的投融资管理

智能化时代，投融资管理的工作流程和工作方式正以前所未有的全新面目呈现在人们面前。通过建立大数据模式下的投资测算模型，基于对新项目的了解和运营部门的初步规划，充分考虑项目成本、融资渠道、销售进度等因素的不同情况，对基础数据进行多版本、多情景的敏感性测算，企业能自动生成多版本的利润测算表和现金流量测算表，为管理层就是否投资项目以及怎样开发项目等提供快速决策支持。比如，A建筑企业的投资部总监李总，快捷登录公司的管理平台，输入几个项目的信息和相关参数后，系统就可以迅速列出各个项目全周期利润和现金流的模拟测算结果及对比图。

第一节　投融资管理概述

一、投融资的概念

企业的投融资活动一般包括两层含义：一是投资活动，一般指企业利用自身的流动资产对外出资，为获得更多资金而承担投资和生产风险；二是融资活动，是指企业利用内部资源或外部投资进行的经济活动，筹集生产经营所需的资金以满足企业未来管理和发展战略的需要。

对于一个具体的经济体来说，投融资是同时存在的，其目的是实现资本价值。投融资被视为一种金融服务，它是一个完整的金融专业名词。在现在的金融市场运转中，社会整体的投融资活动可以大致分为以下几个类别：企业资本金的重组、企业的对外咨询、企业的投融资顾问、企业对外股权投资、券商承销商投资银行服务、小微企业投融资咨询、资产委托和个人性质的公益性事业投融资。

投融资整体上分为以下三部分。一是规模较大的投资机构、大型产业基金和金融涉猎范围较广的金融公司，这些组织一般具备直接将自有资金对项目进行投资的资本与相关资质。在与前者对比之下，海外的投融资服务单位与国内存在着较为明显的差异，国外组织在同等情况下通常经由其他地方的处理机构进行信息采集与处理，而这些处理机构通常并不具备决定与策划的资质。二是投资服务或金融咨询机构、资本管理公司，由于自身条件的限制，大部分缺乏自主有效的资金直接进入市场进行投资，因而需要与相关的金融企业进行对接，双方签订意向性的合作协议，双方通过自身的优势来寻找有效的资源，这在国内是较为常见的。三是社会小微企业的投融资服务，零售业主能利用自己独有的行业资源，企业经营者可以借鉴平常合作的往来对象的相关经验，帮助中小企业或特定项目提供投融资服务，这在国内比国外更为明显。

二、投融资的内涵

从宏观经济层面来看，投资行为是指购买生产性资产（土地、厂房、设备等有形资产及商标、专利权等无形资产）的资本性支出，换而言之，即每个普通的经济个体依靠购买股票、债券等而取得财产收益的投资。根据不同的划分范围，投资在各个层面也可以分为各种不同的操作方式。

从微观层面来看，融资是企业的一种资金周转行为，是企业根据自己的运行状况，从成本与收益角度出发，选取合适的方式向投资对象募集资金，以满足企业日常生产经营活动；从宏观层面来看，融资是金融市场运作的一种必要活动，即资金在金融市场中保持流动性及流通性。为了实现获取资金的目的，企业或其他组织能够采取的方法呈现多样化的趋势。一般的融资行为是通过对外举债、借款来缓解目前的资金压力，使得自身能有效运营。债务融资主要是通过银行贷款、债券和应付账款这几种方式来完成的。直接融资和间接融资是融资的两种基本类型。

三、企业投融资行为

企业是市场经济运行的微观基础，企业各类要素资源的有效对接与优化也是经济高质量发展的内在要求。然而企业的持续稳定发展不仅受自身因素的影响，还受外部环境的制约。所以，投融资决策是决定企业生存与发展的极为重要的财务决策，也是企业进行资源配置的重要途径。

企业投资行为，是指企业投入一定量的资金，以期在未来获取收益、实现价值增值的经济行为。现有文献对企业投资行为的研究，主要涵盖对投资规模的研究和对投资效率的研究。根据投资活动的具体对象不同，可将企业投资分为实物资产投资、无形资产投资以及金融资产投资等。实物资产投资主要指以实物作为出资方式的投资，如厂房、建筑物、机器设备等。其中，实物资产投资又可以分为营运资产投资和资本资产投资，前者是指投放在流动资产上的资金，如应收账款、存货等，因其对公司影响的时间较短，也被称为短期投资；后者主要是对固定资产等非流动资产的投资，对公司影响的时间较长，故而称为长期投资。无形资产投资通常是指对商誉、专利或专有技术、商标权等不存在实物形态的长期资产的投资。金融资产投资则是指购买有关部门、企业发行的以货币价值形态存在的资产，如股票、债券等，是实物资产的对称。通过股权并购或对联营企业投资的方式，也可获取对方的实物资产。该类并购投资有助于增加控股股东可控制的资源，最终实现控制权收益。

企业融资行为，是指企业从自身生产经营现状及资金运用情况出发，根据经营策略与发展需要，经过科学的预测和决策，通过一定的渠道筹集资金以保证企业生产经营需要的经济行为。企业的外部融资渠道主要包括债权融资和股权融资。债权融资是指企业通过举债有偿使用外部资金的一种融资方式。企业需承担所借资金的利息，并且在债务到期后必须偿还债权人的本金。股权融资是指企业股东自愿出让部分所有权，以期通过增资来引进新股东的一种融资方式。企业通过股权融资方式融得的资金不需要还本付息。

第二节　管理会计与投融资管理密不可分

投融资管理包括投资管理和融资管理。投资管理，是指企业根据自身战略发展规划，以企业价值最大化为目标，对将资金投入营运进行的管理活动。融资管理，是指企业为实现既定的战略目标，在风险匹配的原则下，对通过一定的融资方式和渠道筹集资金进行的管理活动。投融资管理与管理会计密不可分，投融资管理中的很多活动同时也是管理会计活动。

一、投融资管理中的管理会计应用

投融资管理的主要活动包括投融资计划制订、投融资可行性分析、投融资决策分析、投融资实施过程控制、投融资实施分析评价与完善。这些活动的顺利开展往往与管理会计工作密不可分。

投融资计划中的中长期投资计划应考虑投资方向、投资规模、投资结构、风险承受能力及偏好等因素。对于更具体的年度投资计划，一般可以细化至投资类别、投资额及资金来源，甚至可以确定部分项目的标的、名称和大致时间。

融资计划的内容一般包括融资时点、融资方式及时长、融资规模、资金成本等。

年度投融资计划是企业经营的一部分。相应地，投融资预算也应该是企业年度预算的重要组成部分。年度投资计划及预算需要视企业的资金状况由预算决策管理部门做出权衡，年度融资计划及预算一般根据年度经营预算的资金缺口进行制定。

投资可行性分析是企业投资管理的关键活动。企业在进行可行性分析时，应对所投资项目的投资回报情况进行测算，包括收入、成本、盈利能力、现金流、投资回报率、收回投资时间、社会效益等因素，并结合项目的竞争情况、成功概率等因素进行调整；应对项目风险进行识别与评估，考虑各种风险将导致的后果，制定预防措施及应对方案；针对特殊项目，还需要针对组织可行性、环境可行性、社会可行性等方面进行分析研究。

可行性分析一般应该提供多种备选方案，从技术难度、所需条件、项目周期、投入成本、项目收益、项目风险、社会影响等方面对比各种方案的利弊，赋予这些评价因素不同的权重并评分，形成决策模型。

融资决策分析的内容一般包括融资方式、融资额度、资金成本、融资机构的选择依据、融资款使用的限制条件、融资潜在风险和应对措施、融资偿还要求、融资偿付能力等。

投融资实施过程控制包括投资过程控制和融资过程控制。投资过程控制的主要内容一般包括进度控制、财务控制、变更控制等。融资过程控制主要关注融资活动的运行情况，以便当融资活动受阻或者融资额度无法达到融资需求目标时，相关部门能够及时对融资方案进行调整。

投融资项目结束后应当总结分析项目目标是否完成、当初的可行性分析是否准确、计划和预算的完成情况如何、偏差大小等，积累经验，提升事前预估分析的能力。

二、管理会计支撑投融资管理

投融资管理虽然并非管理会计的核心领域，但管理会计为投融资管理提供了工具方法和信息系统方面的有力支撑。

（一）提供工具、方法

常见的可行性分析方法主要有贴现法和非贴现法两类。相对而言，贴现法因考虑了资金的时间价值而比较常用。贴现法的具体形式包括净值法、内部收益率法、动态投资回收期法、现值指数法等。其中又以前三种形式较为常用。非贴现法包括成本效益法、静态投资回收期法等，属于相对简单的分析方法。总体而言，无论是贴现法还是非贴现法，均适用于确定性较高、数据相对准确的情况。而当备选方案确定性较低，如分析研发投资、风险投资时，可考虑使用概率分布类工具，如近年逐渐兴起的实物期权法等进行分析。

项目管理的工具、方法有很多，有辅助制订项目计划的工具，如责任分配矩阵、工作分解结构、甘特图等；有辅助产品设计的方法，如价值工程法；有对项目执行情况进行偏差分析的方法，如挣值法。企业应选择适当的投融资管理工具和方法。周期较长，如两年以上的投资，或者额度较大的投资，因时间价值较为明显，应采用贴现法进行分析。周期较短、相对小额的投资应至少采用非贴现法做分析，针对成本效益、回收期等关键指标进行估算。对于确定性较低或数据不够准确的项目，使用一般的分析工具进行计算，结果可参考度较低，所以应考虑使用概率统计类方法进行修正。使用可行性分析工具方法时，应充分考虑要素的确定性。

以使用贴现法为例，进行项目可行性分析时，企业首先应从内部组织、流程、制度和外部财务准则等层面进行考虑：所获取的信息是否充分、可靠？数据所涉及信息基础是否近期发生过或将发生较大变化？贴现期是否充分考虑了标的物的特点和限制？现金流的确定是否充分考虑了影响现金流的事项和因素的规模和趋势？贴现率是否考虑了资本时间价值、风险大小、回报要求等因素？

投融资管理信息系统应能覆盖投融资管理活动中的各项工作，如项目管理、预算管理、项目成本控制、偏差分析等。局部的工具方法包括净值法、内部收益率法等。

（二）提供信息系统支撑

投融资管理涉及大量数据测算，尤其是对于业务量大、数据量大，需针对历史数据进行分析以作为参考的企业，要使数据更精确、更及时，多数时候都需要依靠信息系统。管理会计工具和方法的应用大多是以信息系统为支撑，投融资管理活动的顺利开展也离不开信息系统。

以可行性分析中的敏感性分析、投资测算等工作为例，一套多维分析系统有利于辅助决策。对于项目过程管理，这个环节所涉及的系统比较多，如涉及计划的管理，可能会使用 Project 等项目管理软件；项目执行，包括项目成本、合约规划等处理，可能会在 ERP 系统中进行。针对项目的预算完成情况分析，很多企业会把 ERP 等业务系统的数据传输到预算系统中进行处理，再通过 BI 分析系统等进行展示。

第三节　智能技术助力投融资管理

对于投融资管理来说，智能化的影响不仅体现在投融资计划制订、融资资金安排、投资可行性分析及投资决策的及时性、准确性的提升方面，还体现在投资活动的投后分析、融资活动的成本收益分析等方面。

首先，基于智能技术的应用，企业能够收集全面、真实的投资信息，解决信息不对称带来的投资误判问题。掌握比较全面、真实的信息数据是决策的基础。从国内外企业投资项目失利案例看，因信息不对称导致投资决策失误的问题主要表现在两方面：一是对项目相关信息了解不全或片面的认知理解导致投资决策的失误；二是因为决策者被与项目相关的虚假信息所蒙蔽导致投资决策失误。产生这些问题主要是因为：一是缺乏工具来全面、系统地收集、积累相关信息数据，无法及时、精准地为评估人员提供参考；二是缺乏有力的工具核实信息数据的真伪。而运用大数据和人工智能技术开展投资项目评估，可全面、快速地获取投资项目相关的信息数据，对比判断信息真实性，避免因信息不对称导致投资决策失误。

其次，基于智能技术的应用，企业能够科学、准确预测投资项目所在行业、区域的发展趋势及项目关键参数，对投资效益进行事前预测和事后分析评价。受限于信息技术落后，以往企业在做投资效益分析时往往面临以下问题：预测模型缺乏或不准确、不科学；预测方式单一，无法从多个角度运用多种模型进行预测并进行交叉验证；信息数据不充分或不真实等。这使得企业往往容易误判项目竞争力、项目建设进度和实际生产能力等，从而错误地做出投资预测。而运用大数据和人工智能技术实施项目评估，有利于基于丰富的信息数据，采用一系列预测工具解决上述问题。

再次，基于大数据和智能技术，企业可以深入评估项目风险，避免低估项目风险。传统的盈亏平衡分析、敏感性分析等分析方法受信息数据和风险计量工具的制约，往往难以准确判断各种风险因素的未来走势以及对项目的影响，面对多个重要参数同时变动的情况也往往束手无策。而在智能技术的支持下，企业可以运用情景分析、蒙特卡罗模拟等多种工具，深入分析项目风险，比较准确地判断风险点，计算财务指标数据不及预期的概率。

最后，基于大数据和智能技术，企业可以实时跟踪资金存量和资金需求，预测融资需求量和需求时点，据此提前做出融资安排，维持资金链安全，减少了数据采集判断等传统意义上对数据进行采集的烦琐环节，既可以节约时间提高数据采集的效率，又能够节省大量的融资成本。

第四节　智能化投资管理的场景化应用

在智能技术的影响下，各个行业的企业组织的融资管理向自动化、精确化、实时化、简单化方向发展。智能化投前测算拥有日益广阔的应用空间。

对于各大建筑类企业而言，投资能力是其核心竞争力之一。尤其近年来，随着我国环保政策规制和钢铁水泥等原材料的去产能化等宏观调控的力度持续加大，建筑类企业的创新力、核心竞争力、专业化管理能力都面临着更高的要求。企业对投融资前的管理要求日益提升。但同时，建筑类集团企业在投融资前的管理中往往存在以下问题。

一是管理控制规则无效。建筑集团整体受限于资源瓶颈无法进行全项目的专业化覆盖，尤其对于新区域公司的投资管理活动缺乏有效的判断，集团不能提供有效的管理服务，管理规则缺乏落地性和可行性。

二是管理边界不清晰。集团与区域公司之间责任分工不明确、授权体系不清晰，影响决策和执行效率；集团各专业条线之间缺乏不同职能的业务协同考虑，造成业务流转不畅，工作效率低。

三是管理数据不准确。采用手工填报的方式开展投资测算数据的及时性、准确性、规范性还有提升的空间。

四是缺乏历史数据沉淀。历史项目测算数据散落在不同地方，无专门的工具或者人员去管理归档，无法查询和分析，导致这部分数据无法发挥作用。

五是过程监控缺失。集团、区域公司缺乏动态监控备案项目的工具和手段，无法有效地跟踪项目，导致在项目实施过程中不能及时发现并纠正偏差。

六是投资活动未形成闭环。投前与投后未打通，无法进行动态对比，无法对区域公司的投资策略做出有效评价，无法逐步提升并做好投资的全过程管理，导致无法形成"投前有规则，投中有跟踪，投后有评估"的投资管理规范化体系。

投前测算主要是针对各个拟投标的项目进行全周期规划，测算项目的现金流和盈利指标，包括项目规划经济技术指标、项目开发计划、销售与回款计划、成本计划、支付计划、融资计划、税金预测、项目损益和项目现金流量等业务财务计划，来辅助集团判断投资项目的可行性。

　　以某建筑类集团公司为例。其应用投前测算的基本思路是：基于历史数据，分别获得不同业态月度各个项目的施工进度、原材料库存与使用比例以及回款比例等的标准数据；将标准数据和实际项目的信息数据结合，快速得出投资测算的结果，结合在建项目全周期预测数据，合并集团层面现金流，看是否存在资金缺口，结合项目的总价值、内部收益率、净资产收益率、利润率、现金余额等核心指标，判断投资项目的可行性和实际可操作性。

　　该集团公司构建投资前的测算模型，基于公司对新项目基本概况的信息掌握、项目实施相关部门的初步规划、施工进度以及可预期的各类风险和防控措施等，充分考虑项目成本、融资渠道以及后期回款状况等各类因素的详细情况，由测算模型自动生成项目层面的利润测算表和现金测量测算表等。

第十章

管理会计工具创新：风险管理数控化

风险管理是企业管理的重中之重。风险管理是通过对风险进行识别、衡量和控制，以最小的成本使风险损失达到最低的管理活动。随着企业风险管理工作的不断发展，风险管理已成为企业管理会计的主要应用领域。良好的风险管理有助于降低决策失误的概率，避免损失的可能，提高企业本身的附加价值。与此同时，风险管理也是众多企业管理方面的难点。尤其是在当前复杂多变的市场环境下，尽管企业对风险管理的重视程度与日俱增，但风险的形成和发生也日益快速化、复杂化、隐蔽化。

第一节　风险管理概述

一、风险管理的流程

风险管理起源于 20 世纪 50 年代，一些重大事故带来的巨大损失引起组织高层管理者的重视，风险管理成为一个在企业管理中相对独立的研究领域。风险管理就是组织或企业通过各种手段或防范措施，实施必要的流程，用以降低风险的决策过程。国内外学者对风险管理进行研究，构建了不同的风险管理流程。一般来讲，风险管理流程包括以下五个部分。

1. 风险识别

风险识别，也可称之为危险识别，主要指在特定的具体系统中确定风险的影响因素，并定义每一个影响因素的特征。风险识别是风险管理的起点，也是较重要的一项内容，通常要对风险因素进行识别、分类、细化，确定每一类风险的特征，分析每个风险可能发生在哪个部门、哪个环节。如果不能全面识别风险的影响因素，影响因素的作用大小就无从谈起，也就失去了风险识别的意义所在。

2. 风险度量

风险度量也可称之为风险衡量或风险估计，是在定性分析风险识别的基础上，对各个风险因素造成的损失大小进行定量的评价和计算。其内容一般包括：频次分析，特定具体的风险因素发生的可能性大小和既定时间内发生的次数；后果分析，特定具体的风险因素造成损失的大小和程度。一般地，先对风险因素发生的频次进行分析，然后对每个因素可能导致的后果或造成的损失进行研究。

3. 风险评价

对特定系统的风险进行识别，并对风险的影响因素进行度量之后，就需要利用风险标准来确定各个风险因素是否能够接受，是否需要采取措施进行必要的防范。一般来说，风险的度量和评价要同时进行。

4. 风险决策

风险决策也可称之为风险防范和风险应对。此步骤的作用是根据风险度量和评价的结果，以最低成本最大限度地降低系统风险。一般风险应对方法包括风险转移、风险规避和风险分散等。

5. 风险监控

风险监控就是风险监测和控制，在风险管理过程中，通过跟踪定位已经识别的风险，继续发现新的风险，采用一定的措施手段，并在风险决策的总体规划下进行风险的控制。风险监控是风险管理的最后一个步骤，也是降低风险危害程度的决定性步骤。

综上所述，风险管理流程如图 10-1 所示。

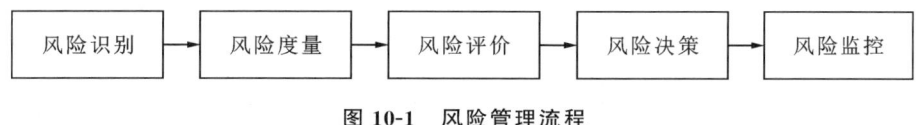

图 10-1 风险管理流程

二、传统的风险管理方法

风险管理有一系列成熟的工具和方法，包括风险矩阵模型、业务流程图、风险分布图、蒙特卡罗方法等。其中风险矩阵模型、业务流程图的应用较为广泛。

风险矩阵模型是企业进行风险管理的有效工具，可以用于分析企业的潜在风险，也可以用于分析采取某种方法的潜在风险，找出管理控制的薄弱环节。企业可以根据风险矩阵模型找出的企业控制缺陷，提出整改建议，并对企业控制缺陷的整改过程进行监督，对企业控制缺陷的整改结果进行评价。业务流程图是以可视的方式，运用特定符号展示某一营运过程或流程，其意义在于帮助企业了解重要交易是如何生成、记录、获得、授权并被处理和汇报的。企业应利用业务流程图对业务流程中可能出现和已经存在的控制环节进行描述，识别控制步骤和控制活动，并将各业务的流程图联系起来解释相关的控制活动，发现、收集和处理数据，以便发现薄弱环节和容易出现问题的区域。

也有部分部分企业利用风险分布图、蒙特卡罗方法进行风险管理。风险分布图是把风险发生可能性的高低、风险发生后对目标的影响程度，作为两个维度绘制在同一个平面上（绘制成直角坐标系）。绘制风险分布图的目的在于对多项风险进行直观的比较，从而确定风险管理的优先顺序和策略。企业可以利用风险分布图，采用定性、定量等方法对风险发生可能性的高低、风险对目标的影响程度进行评估。定性方法是直接用文字描述风险发生可能性的高低、风险对目标的影响程度，如"极低""低""中等""高""极高"等。定量方法是用具有实际意义的数量对风险发生可能性的高低、风险对目标的影响程度进行描述。如对风险发生可能性的高低用概率来表示，对风险对目标的影响程度用潜在或者可能发生的损失金额来表示。蒙特卡罗方法是一种随机模拟数学方法，该方法用来分析评估风险发生的可能性、风险的成因、风险造成的损失或带来的机会等变量在未来产生的变化的概率分布。蒙特卡罗方法通常采用建模方式，建立能描述风险变量在未来产生的变化的概率模型，主要有差分和微分方程方法、插值和拟合方法等。蒙特卡罗方法依赖于模型的选择，所以，模型本身的选择对蒙特卡罗方法计算结果的精度影响甚大。

第二节 风险防控数字化

传统的风险控制以事后的检查发现为主，很难将风险控制手段介入事前和事中，且事后的检查发现也缺少更加高效的工具，难以发现关联风险。而智能技术助力下的数字化防控手段可以有效提升风险管理的工具效率和工作质量，可以从事前、事中和事后三个层次防范财务操作风险。

从事前风险防范角度来看，在传统模式下，我们所构建的关键风险指标体系是基于经验和分析的结果，但这种构建方式可能存在认知完整性的基于财务业务流程中大量的交易以及现有模式发现风险事件的情况。通过机器学习方法可发现新的构建关键风险指标的规则，从而补充和完善现有的指标体系，提高对事前风险的防范能力。

从事中风险控制角度来看，基于经验的规则系统化，能够实现初级人工智能的应用。通过大量的规则，能够发现财务交易中的潜在风险事件，并能对一些风险事件进行直接拦截。此外，基于数据积累，能够对每一笔单据进行风险分级，针对不同的风险等级配置不同的控制流程，从而提升风险管控能力。同样，基于经验的规则积累，能够借助机器学习技术进行持续的训练优化，持续提升风险控制能力。基于企业内外部大数据的积累和挖掘，能够建立内容更丰富的单据风险分级规则模型，使得单据的风险等级划分更为准确。

从事后风险分析和管理控制的角度来看，基于大量企业内外部数字化的交易信息和背景信息的采集和集中，能够开展内容更为丰富的风险控制分析和管理控制。

例如，建筑企业可以通过构建员工、管理层、材料供应商、监理方等多方的社会关系网络图谱，在网络中出现风险节点时，快速对网络中该节点的周边节点实施预警监控。还能使用非监督学习的方法，对特定项目的原材料采购、原材料使用、施工进度等信息进行聚类分析，精准地定位风险因素。

第三节　数字化风险防控的场景化应用

数字化和人工智能技术的迅猛发展和普遍应用，深刻改变了各个领域的管理模式，风险管理的手段也获得全方位的升级。

在数字风险控制的思路下，财务交易从源头实现结构化和标签化，大量的风险控制可以通过自动化规则，融入交易过程。例如，依托采购需求的标签能够进行对价格合理性、黑名单供应商、交易相关利益方不正常关联关系等风险的事前控制。基于发票标签，能够进行跨组织机构的发票真实性、发票重号、发票连号等风险的控制。

数字风险控制以场景驱动为主，要发挥智能技术的优势，持续发现场景并建立风险控制模型是必由之路。对于不同的企业而言，场景化的风险识别、风险度量和风险控制正在逐步获得广泛的应用。基于反舞弊、资产负债管理和信贷管理，我们对数字化风险防控的场景化应用进行深入的阐述。

一、破解财务人员舞弊行为的难题

在现实工作中，企业的财务工作一直是审计监管工作关注的重点人员，部分工作人员因为个人疏忽而无意造成的纰漏和有意为之的舞弊行为，是两种需要特别注意的典型情况。

一种情况是在复杂的财务流程中存在大量琐碎的信息记录工作，容易出现因为工作疏忽或者技能熟练度不足而导致的各种差错。这些差错不应当被视为一种舞弊行为，而应当更多地被定位为财务工作质量问题。

另一种情况是财务舞弊行为，即个人基于自身利益或其他目的所做出的舞弊欺诈行为。这类行为往往隐藏在大量的常规业务中，如员工的费用报销、零星采购等，直接或间接地造成公司的财务损失。

在传统财务体系下，舞弊行为在不断进化，舞弊与反舞弊之间的博弈在不断升级。尽管财务人员或审计人员可以通过复核、审核、多角度的数据分析、数据筛查等发现隐藏在数据背后的逻辑问题，但与舞弊技术的快速进化相比，企业的反舞弊手段往往难以应对。

主要有以下三个原因。

第一，在传统信息系统架构下，企业开展数据分析所用的资源有限。和常规的数据分析不同，针对反舞弊的数据分析是一种线索发现式的分析，要求分析人员基于大量数据，开展大量的分析来尝试找到线索，工作量较大且很难常规化。

第二，部分反舞弊模型的构建烦琐复杂，挑战人脑的认知极限。在财务人员反舞弊的过程中，依靠逻辑来发现线索本身是一件困难的事。逻辑的设计类似于数据建模的过程，要想有效地发现复杂的舞弊线索，模型必须足够复杂。然而，人脑处理逻辑的复杂性是有限制的，当逻辑层次超过了人们的理解范围后，就很难再依靠人的认知能力来进行逻辑分析并发现舞弊线索。

第三，关联舞弊难以被发现。关联舞弊是指被分散在不同时间、空间中的舞弊行为。这类舞弊往往存在于有因果关系的单据或行为中，因此更加隐蔽，也就更加难以被发现。并且，某些情况下，个别财务人员与个别其他职能部门人员勾结，为了个人私利而不惜铤而走险，损害单位的利益为个人谋私利，串通对抗审计监管，甚至一个单位之内出现管理决策层群体和财务人员群体一起舞弊的行为，发生群体性窝案，更是难以在常规性审计监管中发现问题。

智能技术给了反舞弊强大的武器。与传统的手工签单、数据录入与人工审查批复等操作相比，各类智能系统的上线可以有效提高工作效率，发现异常情况，精准定位可能存在问题的交易事项。就目前的应用状况来看，主要有基于监督学习模型的智能风险防控、基于非监督学习模型的智能风险防控和基于 SNA（社会网络分析）的智能风险防控带来的反舞弊的智能化升级。

（一）基于监督学习模型的智能风险防控

在智能技术的支撑下，企业可以应用基于监督学习模型的智能风险防控，用系统来运行复杂的规则模型，这就突破了人脑的认知限制，更易于发现舞弊线索。一方面，大数据时代企业能够获得的结构化和非结构化数据越来越多，为系统开展反舞弊分析提供了强大的数据支持。另一方面，机器学习中的监督学习模型能够帮助系统将大量的人工审核方法转化为机器规则，并开展自动化反舞弊审核。

在基于监督学习模型的机器学习模式下，企业可以将长期以来用于人工反舞弊作业的单据作为系统学习训练的基础。监督学习模型能够通过大量训练，进一步提炼出新的规则。这些新的规则被植入系统后，能够用于分析新发生的业务单据是否存在舞弊的可能。

（二）基于非监督学习模型的智能风险防控

非监督学习可以理解为机器对大量数据进行自主聚类分析的过程。系统不关注数据本身的含义，而是会按照特征的相似性对数据进行分类。大多数"正常"的单据具有相似性，能够被非监督学习模型归集到具有相似性特征的大类集合之中；而少数可能存在舞弊行为的"不正常"单据，则有可能出现在特定区域的小类集合之中。通过这样的可视化分析，系统能够帮助企业将舞弊调查的对象锁定在这些另类的小群体单据中。

（三）基于 SNA 的智能风险防控

基于 SNA 的智能风险防控是遏制关联舞弊风险的一个有效办法。社会网络是利用企业内部相关经济事项的各个关联主体间的相互关系构建的一个关系网络。社会网络中有企业员工、审批领导、供应商和企业内部其他关联人等。社会网络模型中集成了筛选、统计、时间还原、风险点关系分析、可视化关联分析等模型，通过筛查社会网络中可能存在舞弊行为的主体的规律特征，系统能够帮助审计监管人员找到跨越时间和空间的关联性，从而更加快捷、有效地识别应用传统反舞弊技术所难以发现的舞弊行为。以报销单据中的反舞弊风险防控为例，企业可以报销单据为核心向外扩展，通过构建员工、审批人、供应商等多个主体之间的关联关系，跨越空间和时间构建起社会网络。在这个网络中，系统试图寻找所谓的"黑节点"，即通过其他技术方式已发现的有问题的单据、企业内部人员或原材料供应商等。

二、智能技术给资金"上保险"

风险分析的质量和效率决定了企业风险识别和测算的能力。然而，在传统风险管理中，风险分析是企业风险管理中的难点，很多企业甚至无法开展独立的风险分析。这是因为风险分析一般需要借助量化模型，而传统信息系统无论在基础数据的收集、复杂模型的构建还是数据的计算速度等方面，均无法满足高效分析的需要。

以资产投资收益类公司为例，资产负债管理是这类公司风险管理的难点。产品同质化严重、利率下行、权益类市场投资风险高等，都是资产负债管理陷入困境的原因。而这类公司进行资产负债管理的难度之所以持续加大，一是因为在市场竞争加剧的情况下，负债久期远高于资产久期，资产负债两端的长期适配度较低，加上过去市场上经常出现的各种不规范行为或信用问题的频频发生，导致"长钱短配""短钱长配"问题严重。再加上利率下行风险，利差损失成为风险隐患之一。二是因为经济下滑带来了各类投资行为的更加谨慎，行业风险加大，这对这类公司的投资收益能力提出更高要求，资金须尽量在安全、收益、流动性间保持平衡。

为此，通过运用保险科技，建立针对资产负债管理的风险分析量化模型是必要的。通过不断摸索与试错，近年来，不少保险公司开始逐步推进层技术和数据处理能力的改进和发展，以推动资产负债管理工作的前进。从关联技术来看，在资产投资收益类企业中，风险防控人员通过数据的弱关联性，整合多种数据信息，形成人、标的、保险业务的全景视图；同时利用人脸识别与合同文本识别等技术，完成对客户信息的真实性验证。为解决信息不对称问题，风险防控人员采用海量单据识别、数据收集共享以及自动化处理等技术，同时对各关联方的行为模式进行模拟，以预测各类资金欺诈和信用问题的潜在规律与特征。

这些由科技带来的好处正影响着企业风险分析的风向。借助智能技术的进一步发展和应用，资产投资收益类企业有望在监测、识别和处置风险方面进一步提升效率。

三、智能技术让投融资更加安全

智能技术不仅改变了企业组织的日常行为管理模式和中长期战略规划模式，也正在为传统投融资模式带来历史性的变革。智能化的投融资风险防控不仅大大提升了资产投资收益类机构的信贷审批和放款效率，而且有效降低了这类机构的信贷逾期和违约风险。

　　依托大数据技术，资产投资收益类机构可以更广泛地获取与客户相关的社会化数据，而不再简单依赖于客户公布的财务报告信息和个人提供的财务报告信息。个人在社会化活动中所形成的广泛的数据，包括客户既往信用记录、社交媒体行为数据、电商网站交易数据、企业客户产业链上下游数据及其他有利于加深资产投资收益类机构对客户兴趣爱好了解的数据等，均可纳入监控范围。资产投资收益类机构基于广泛的客户行为信息、情报信息，更及时、准确地评价客户信用。同时，基于分布式计算、智能数据分析、数据可视化、决策树、逻辑回归、机器学习等多项智能技术，资产投资收益类机构可建立多视角、全方位的客户信用评价模型，实时、准确地做出投融资决策，并实施高效的借贷后风险管理与防控。

（一）投融资前的风险防范

　　欺诈风险多来自投融资前，反欺诈重点是在投融资前识别出欺诈风险。融合了微表情识别、生物识别、智能录入、大数据风控、电子签章、区块链等多种新技术的智能化信贷系统，通过人脸识别、声纹识别、指纹识别以及证件联网核查技术、申请欺诈模型评分等多种手段，可以有效核实用户身份，防范身份冒用、欺诈等风险。

（二）授信定价

　　授信是金融活动中产生风险的一个重要潜在来源。资产投资收益类机构可以基于大数据提炼出客户消费特征、互联网行为特征、信用记录、关联设备、社交网络等稳定性高、预测能力强的变量，代入统计模型和机器学习模型中，构建出一系列个人信用风险的评分定级模型，从而准确、快速地判断出贷款申请的风险情况，在贷款审核、调额、授信等环节识别客户风险，实现风险防控的目的。这样能够更好地提高金融机构的营运效率，降低逾期和坏账客户数量。

（三）智能催收

　　贷后管理是整个智能风险防控闭环中非常重要的一步，其中又以逾期催收为最大的痛点。过去一些大型银行和消费金融机构都要"供养"数量庞大的催收团队，有些团队人数过千，催收的主要手段是打电话，这带来了成本过高、加剧社会矛盾等诸多问题。金融机构应用智能语音识别、语音合成、语义理解以及交互对话等共同形成高度智能化、精准化的智能催收产品，能集中解决传统人工模式下的合规、合法、效率等问题。

参 考 文 献

[1] 刘运国，梁德荣，黄婷晖 . 管理会计前沿 [M] . 北京：清华大学出版社，2003.

[2] 孙茂竹，文光伟，杨万贵 . 管理会计学 [M] . 3 版 . 北京：中国人民大学出版社，2006.

[3] 吴大军 . 管理会计 [M] . 北京：中央广播电视大学出版社，1999.

[4] 杨文杰 . 管理会计 [M] . 北京：清华大学出版社，2008.

[5] 瑞夫·劳森 . 管理会计在中国——成本计算方法、成本管理实务和财会职能（中英文版）[M] . 杨继良，姚祎，译 . 北京：经济科学出版社，2010.

[6] 胡玉明，丁友刚，卢馨 . 管理会计 [M] . 2 版 . 广州：暨南大学出版社，2010.

[7] 查尔斯·T. 亨格瑞，加里·L. 森登，威廉姆·O. 斯特尔顿，等 . 管理会计：第 14 版 [M] . 潘飞，沈红波，译 . 北京：北京大学出版社，2011.

[8] 傅元略 . 管理会计 [M] . 北京：经济科学出版社，2011.

[9] 许金叶 . 管理会计 [M] . 北京：清华大学出版社，2012.

[10] 余恕莲，李相志，吴革 . 管理会计 [M] . 3 版 . 北京：对外经济贸易大学出版社，2013.

[11] 冯巧根 . 管理会计 [M] . 2 版 . 北京：中国人民大学出版社，2013.

[12] 郭晓梅 . 管理会计学 [M] . 4 版 . 北京：中国人民大学出版社，2015.

[13] 顾彼思商学院（GLOBIS），嶋田毅 . 管理会计 [M] . 沈海泳，译 . 北京：北京时代华文书局，2017.

[14] 查尔斯·T. 亨格瑞，斯里坎特·M. 达塔尔，马达夫·V. 拉詹 . 成本与管理会计：第 15 版 [M] . 王立彦，刘应文，译 . 北京：中国人民大学出版社，2016.

[15] 雷·H. 加里森，埃里克·W. 诺琳，彼得·C. 布鲁尔 . 管理会计：第 16 版 [M] . 王满，译 . 北京：机械工业出版社，2018.